悦·读人生

On Augustine
奥古斯丁

[美] 沙伦·M. 凯（Sharon M. Kay）
保罗·汤姆森（Paul Thomson）◎著
周伟驰◎译

清華大学出版社
北 京

北京市版权局著作权合同登记号 图字01-2018-1989号

On Augustine
Sharon M. Kay，Paul Thomson

Cengage Learning Asia Pte. Ltd.
151 Lorong Chuan, #02-08 New Tech Park, Singapore 556741

图书在版编目（CIP）数据

奥古斯丁 /（美）沙伦·M. 凯（Sharon M. Kay），（美）保罗·汤姆森（Paul Thomson）著；周伟驰译. —北京：清华大学出版社，2019（2021.11重印）
（悦·读人生）
书名原文：On Augustine
ISBN 978-7-302-52566-0

Ⅰ. ①奥… Ⅱ. ①沙… ②保… ③周… Ⅲ. ①奥古斯丁（Augustine, Aurelius 354–430）—哲学思想—思想评论 Ⅳ. ① B503.1

中国版本图书馆 CIP 数据核字（2019）第 046012 号

责任编辑：刘志彬
封面设计：李召霞
责任校对：王荣静
责任印制：杨　艳

出版发行：清华大学出版社　　**地　　址：**北京清华大学学研大厦 A 座
http://www.tup.com.cn　　**邮　　编：**100084
社 总 机：010-62770175　　**邮　　购：**010-62786544
投稿与读者服务：010-62776969，c-service@tup.tsinghua.edu.cn
质量反馈：010-62772015，zhiliang@tup.tsinghua.edu.cn
印 装 者：三河市东方印刷有限公司
经　　销：全国新华书店
开　　本：148mm × 210mm　　**印　　张：**5　　**字　　数：**92 千字
版　　次：2019 年 5 月第 1 版　　**印　　次：**2021年11月第2次印刷
定　　价：35.00 元

产品编号：077092-01

奥古斯丁

圣奥勒留·奥古斯丁（St. Aurelius Augustine，354—430），古罗马神学家、哲学家。出生于罗马帝国所属北非，在罗马受教育，早年信仰摩尼教，33岁在米兰接受基督教洗礼，后任北非希坡主教。著有《上帝之城》《忏悔录》等。

奥古斯丁借用新柏拉图主义思想，服务于神学教义，为人认识上帝的权威的绝对奠定了基础。他以《圣经》为本，提出正统三一论，主张神是绝对存有，单一不可分的观念。他把灵魂分为记忆、理智和意志三种官能，同时认为这三者是统一的，也就是灵魂是统一的。而神是“三位一体”，父、子、圣灵虽有别，但共有一体，本质上是一。他还认为人即使未曾堕落，人未来的命运仍得完全依靠神。相信只有神能恢复罪人自由意志的自由，就是更新及重生。

奥古斯丁的理论是新教改革，特别是加尔文主义的救赎和恩典思想的源头。

内容简介

本书首先通过对奥古斯丁的生平和著作的简要介绍，使得读者了解其思想的形成过程，而后则对他在神学、哲学、政治学等方面的重要思想进行详细阐述，有条不紊地帮助读者领会这位神学家和哲学家的主要思想体系，把握其富有启发性和包蕴性的思想。

总序

贺麟先生在抗战时期写道："西洋哲学之传播到中国来，实在太晚！中国哲学界缺乏先知先觉人士及早认识西洋哲学的真面目，批评地介绍到中国来，这使得中国的学术文化实在吃亏不小。"[①] 贺麟先生主持的"西洋哲学名著翻译委员会"大力引进西方哲学，解放后商务印书馆出版的《汉译世界学术名著》的"哲学"和"政治学"系列以翻译引进西方哲学名著为主。20 世纪 80 年代以来，三联书店、上海译文出版社、华夏出版社等大力翻译出版现代西方哲学著作，这些译著改变了中国学者对西方哲

① 贺麟. 当代中国哲学. 上海：上海书店，1945：26.

学知之甚少的局面。但也造成新的问题：西方哲学的译著即使被译为汉语，初学者也难以理解，或难以接受。王国维先生当年发现西方哲学中“可爱者不可信，可信者不可爱”，不少读者至今仍有这样体会。比如，有读者在网上说：“对于研究者来说，原著和已经成为经典的研究性著作应是最该着力的地方。但哲学也需要普及，这样的哲学普及著作对于像我这样的哲学爱好者和初学者都很有意义，起码可以避免误解，尤其是那种自以为是的误解。只是这样的书还太少，尤其是国内著作。”这些话表达出读者的迫切需求。

为了克服西方哲学的研究和普及之间的隔阂，清华大学出版社引进翻译了国际著名教育出版巨头圣智学习集团的“华兹华斯哲学家丛书”（Wadsworth Philosophers）。“华兹华斯”是高等教育教科书的系列丛书，门类齐全，“哲学家丛书”是“人文社会科学类”中“哲学系列”的一种，现已出版 88 本。这套丛书集学术性与普及性于一体，每本书作者都是研究其所论述的哲学家的著名学者，发表过专业性很强的学术著作和论文，他们在为本丛书撰稿时以普及和入门为目的，用概要方式介绍哲学家主要思想，要言不烦，而又不泛泛而谈。因此这套书特点和要点突出，文字简明通俗，同时不失学术性，或评论哲学家的是非得失，或介绍哲学界的争议，每本书后还附有该哲学家著作和重要第二手研究著作的书目，供有兴趣读者作继续阅读之用。由于这些优点，这套丛书在国外是不可多得的哲学畅销书，不但是哲学教科书，而且是很多哲学业余爱好者的必读书。

“华兹华斯哲学家丛书”所介绍的，包括耶稣、佛陀等宗教创始人，沃斯通克拉夫特、艾茵·兰德等文学家，还包括老子、庄子等中国思想家。清华大学出版社从中精选出中国人亟须了解的主要西方哲学家，以及陀思妥耶夫斯基、梭罗和加缪等富有哲思的文学家和思想家，以飨读者。清华大学出版社非常重视哲学领域，引进出版的《大问题：简明哲学导论》等重磅图书奠定了在哲学领域的市场地位。这次引进翻译这套西文丛书，更会强化这一地位。现在越来越多的人认识到，在思想文化频繁交流的全球化时代，没有基本的西学知识，也不能真正懂得中华文化传统的精华，读一些西方哲学的书是青年学子的必修课，而且成为各种职业人继续教育的新时尚。清华大学出版社的出版物对弘扬祖国优秀文化传统和引领时代风尚起到积极推动作用，值得赞扬和支持。

张世英先生担任这套译丛的主编，他老当益壮，精神矍铄，认真负责地选译者，审译稿。张先生是我崇敬的前辈，多年聆听他的教导，这次与他的合作，更使我受益良多。这套丛书的各位译者都是学有专攻的知名学者或后起之秀，他们以深厚的学养和翻译经验为基础，翻译信实可靠，保持了原书详略得当、可读性强的特点。

本丛书共 44 册，之前在中华书局出版过，得到读者好评。

我看到这样一些网评：“简明、流畅、通俗、易懂，即使你没有系统学过哲学，也能读懂”；“本书的脉络非常清晰，是一本通俗的入门书”；“集文化普及和学术研究为一体”；“要在一百来页中介绍清楚他的整个哲学体系，也只能是一种概述。但对于普通读者来说，这种概述很有意义，简单清晰的描述往往能解决很多阅读原著过程中出现的误解和迷惑”’；等等。

这些评论让我感到欣慰，因为我深知哲学的普及读物比专业论著更难写。我在中学学几何时曾总结出这样的学习经验：不要满足于找到一道题的证明，而要找出步骤最少的证明，这才是最难、最有趣的智力训练。想不到学习哲学多年后也有了类似的学习经验：由简入繁易、化繁为简难。单从这一点看，柏拉图学园门楣上的题词“不懂几何者莫入此门”所言不虚。我先后撰写过十几本书，最厚的有八九十万字，但影响最大的只是两本30余万字的教科书。我主编过七八本书，最厚的有100多万字，但影响最大的是这套丛书中多种10万字左右的小册子。现在学术界以研究专著为学问，以随笔感想为时尚。我的理想是写学术性、有个性的教科书，用简明的思想、流畅的文字化解西方哲学著作烦琐晦涩的思想，同时保持其细致缜密的辨析和论证。为此，我最近提出了“中国大众的西方哲学”的主张。我自知“中国大众的西方哲学，现在还不是现实，而是一个实践的目标。本人实践的第一步是要用中文把现代西方哲学的一些片段和观点讲得清楚明白”[①]。欣闻清华大学出版社要修订再版这套译丛，每本书都是讲得清楚明白的思想家的深奥哲理。我相信这套丛书将更广泛地传播中国大众的西方哲学，使西方哲学融合在中国当代思想之中。

赵敦华

2019 年 4 月

① 详见赵敦华. 中国大众的现代西方哲学. 新华文摘，2013（17）：40.

目录 Contents

1

On Augustine —————— **导论**

16岁时，那个将来成为“希波的圣奥古斯丁”的年轻人，乃是闯入他人果园偷梨的盗窃团伙成员之一。他们偷梨并不是因为饥饿——事实上，他们把梨扔到了猪圈里。不如说，他们偷只是因为想作恶。

奥古斯丁在他广受欢迎、流传甚广的《忏悔录》里记载了这一人生插曲。尽管他写该插曲时已过去了30年，但记忆仍活灵活现，令他深深为之困扰。若是要指出这位写了将近100本著作的思想家的主要哲学关注，就可以说，他关注的是恶，以及人类做明知为错之事的天然倾向。

奥古斯丁不是一个职业哲学家，他是一个主教。他对西方思想首要的影响在于他是一个教父，是刻画并辩护基督教信仰的。虽说如此，他的作品却并非与哲学无关。在 19 岁时他读了西塞罗（前 106—前 43 年）一本劝人学哲学的著作，深受冲击。在思考恶以及别的问题时，他采取了哲学家们的方法和观念。他的著作在他生前就开始广为传播，对哲学史产生了深远的影响。

这本小书我们志在展现奥古斯丁最重要的哲学贡献。和许多将会跟随他的思想者不同，奥古斯丁并不很在乎区分哲学、神学和自传。所以,若是对他的生平和著作有一个全面的了解，那么对他的哲学也就更易于把握。

奥古斯丁的生平和时代

奥古斯丁生活在古代向中世纪过渡的时期。他是生活在北非的罗马公民，正赶上罗马帝国严重衰落的阶段。

北非对罗马帝国来说是荒野，就如同大西部荒野对殖民地时期的美国一样——它处在野心勃勃的民族扩张的外沿。不同的是，美国能够保持其扩张，罗马帝国却没有。北非既已享尽伴着殖民而来的文化和资源,现在就要开始体会到混乱和解体，这二者乃是过度扩张的政府根本无法治理好的标志。奥古斯丁青年时期所知的北非也许只是乱糟糟和颓废，但到他死时，却已是野蛮的入侵者的“饲料”了。

奥古斯丁生于 354 年，一个并不特别富裕的罗马家庭里。他在靠近今天的特里波利（Tripoli）的一个小镇里长大。父亲是一位异教背景的小官僚，母亲是一位虔诚的基督徒。尽管教育费用昂贵，难以支付，但奥古斯丁却早早地就被另眼相看，认为是一名前程远大的学生。父母想方设法把他送到特别的学校里，指望着他能求得功名。17 岁时，他到迦太基学习修辞术，希望成为一名演讲家。

据说，奥古斯丁在迦太基颇有游手好闲的时间。既已在一座繁忙的海港城市中，远离了父母的敦促，他就开始无拘无束，乐于冒险。我们不清楚那时学生们风行什么毒品和音乐，但性乐流行却是肯定的。奥古斯丁在其《忏悔录》里告诉我们，他是一个在性上极为活跃的年轻人。不过，他却未让性活动干扰学习，故而学业相当不错。

几年之后，他找到了一份教修辞术的工作，并有了一位固定的女友。虽然谈到她时的语气表明了两人爱得很深，但他却从未告诉我们她的名字。他们住在了一起，先是在北非，后是在意大利，将近 15 年。他们还有一个孩子，名为阿迪奥达图斯（Adeodatus）。

到此为止，奥古斯丁似乎要过上一种甜蜜的小资产阶级平庸生活了。不过，对于后世的人来说，幸运的是，最终表明了未非如此。

虽说现在他父亲不在了（父亲在死前不久皈依了基督教），

母亲却还活得好好的，不想让自己的宝贝儿子走歪路，她跟着奥古斯丁到了意大利，要求他和他的女友分手。这主要不是因为她不能忍受看到他们在罪恶里同居，更多的是因为她指望着奥古斯丁在罗马政府里能获得有声望的地位，以作为对他教育的报答。那时和今天一样，在政府部门抵达有声望地位的最佳途径就是穿行在上层社会的社交圈子里。为了进入这些圈子，奥古斯丁得娶某位“大佬”的女儿。

看到奥古斯丁面临如此专横的要求也不足为怪。怪事倒是他屈服了,并且同意将他的生命之爱送走。他的母亲既已获胜，就急匆匆地为他张罗了一门婚事，与一个年龄才到他一半的陌生女孩订了亲。这使得奥古斯丁痛苦不堪，一度与另一个女人风花雪月，以作排遣。

显然，奥古斯丁有着罗曼蒂克的难题，这被比拟为“曲折的智性之旅”。在迦太基，他受到来自波斯的摩尼教的吸引，也受到恩披里柯（Sextus Empiricus，卒于公元前225年）的著作的吸引。他认为后者要胜于他母亲读的《圣经》。后来，在意大利，他研习学园派怀疑主义以及新柏拉图主义。奥古斯丁内在感情和理智的骚动不宁酿成了一场严重的心理危机。

正是这一危机，与别的健康方面的困境凑在一起，导致了386年他备受赞扬的皈依基督教之举。其时，奥古斯丁正坐在一个花园里沉思着他的问题，突然听到了一个天使样的声音唱道“拿起来读！拿起来读！”他在《忏悔录》里记载了这一事件：

> 我压制了眼泪的攻势，站起身来。我找不到其他解释，这一定是神的命令，叫我翻开书来，看到哪一章就读哪一章……我抓到手中，翻开来，默默读着我最先看到的一章：“不可耽于酒食，不可溺于淫荡，不可趋于竞争嫉妒，应皈服主耶稣基督，勿使纵欲恣于肉体的嗜欲。”我不想再读下去，也不需要再读下去了。我读完这一节，顿觉有一道恬静的光射到心中，冲散了阴霾笼罩的疑阵。（D146，另见周士良中译本《忏悔录》，8：12）

他的眼睛落在了一段经文（《罗马书》，13：13）上，在那里使徒保罗正规劝听者不要酗酒好色。正是在这一时刻，奥古斯丁下定了决心去受洗。

传统观点认为，奥古斯丁的母亲莫尼卡加速了这一皈依过程，后来她还被公教祝圣（圣莫尼卡）。不过，奥古斯丁为此已挣扎一段时间了。在《忏悔录》里，他说曾试图克制他的色欲，却往往意志软弱。他的祷告是：“上帝啊，使我独身禁欲吧，但现在可别。”

母亲莫尼卡在奥古斯丁受洗后不久就去世了。这使奥古斯丁更深地陷入绝望。他摒弃了女人，摒弃了世界，回到北非，与他的儿子阿迪奥达图斯及一些同性朋友一起，追求一种宁静的、修道院的生活。

不过，在这里，奥古斯丁的计划再一次被打断了。北非希坡教区的人们需要一位主教。他们听说一位颇有教养的基督徒住在附近，就要求他来领导他们的教会。此时奥古斯丁正为阿迪奥达图斯和他本人最好的朋友勒布利迪乌斯（Nebridius）的猝死而哀悼，接受希坡的邀请成了他唯一的选择。他于391年被授予神父，396年成为主教。

尽管他宣称未曾想过这份工作，但这工作却很适合于他。他成了当地名人。他为星期天早晨的布道写出激动人心的布道词。在周末呢，若是没有公事，他就会抽空凝思并写作。考虑到他那异乎寻常的文字高产量，人们会想象他到处跋涉，为一件一件事务而四处奔波，不断地向一帮笔记员口授机要。希坡人都来找他，他力求安慰他们，而此时那环绕他们的罗马帝国正在崩溃。他死于430年，死前缠绵病榻，但耐心地背诵着诗篇，而此时希坡正落入一帮蛮族入侵者之手。

公教在他去世后不久就行了宣福礼。他是啤酒酿造商的保护圣徒，这是由于他自己坦白曾经过着一种松松垮垮的生活。

奥古斯丁的著作

奥古斯丁生前写了大量的著作，都是用拉丁语撰写的。他留下来的文集比任何别的古代作家的都要多。你可以想象，一个受过专业训练的演讲家和修辞学教师的著作会是怎样的。毫无疑问，奥古斯丁是一个过分热情的风格学家，他认为写作就是将说话安排好。不幸的是，他对花巧语言和短句间机智转折的癖好常常使得作品读来冗长乏味，翻译成英语时尤其如此。

奥古斯丁留下来的著作写于386年皈依至430年辞世之间，可分为三类：书、信、布道词。绝大多数哲学思想都被包含在书里，但也有一些散存于另两类作品中。早期的著作，无论是在内容上，还是在风格上，都是哲学性比较强的；后期的书变得越来越宗教化和教条化。浏览一下主要著作的编年史，也许对我们将要进行的讨论有所助益。

386年皈依基督教后，奥古斯丁决定度今天所谓的“休假年”。此时他仍负疴在身，但决意抽暇投身于思考和写作。奥古斯丁一休就是五年，整天和家人朋友在一起。在这一时期，他撰写了一批著作，大多是和身边的亲友合作完成的。其中有《驳学园派》(反驳怀疑主义)、《论音乐》(关注的是知识和知觉)、《论意志的自由选择》(奥古斯丁早期神正论)、《公教和摩尼教的生活之道》(伦理)，以及《论教师》(知识和语言理论)。尽管奥古斯丁一生观点总在变化，但他却从未否定这些著作，它们提供了他整个哲学的基础。

396年，奥古斯丁成为主教时，给一个名为辛普里西安(Simplician)的朋友写了一封信。该信记录了他思想的一个转变，即从古典哲学模式转到了圣经的、宗教的方向上。同一年，奥古斯丁还开始撰写一篇名为“论基督教教义”的论文，发展了他的伦理学。

401 年，奥古斯丁发表了他最有名的著作《忏悔录》。它乃是西方文学史上第一部重要的自传。在回忆自己以往生命的细节时，奥古斯丁常常跑题，而进入哲学探索。

蛮族于 410 年首次洗劫了罗马。不久，奥古斯丁写了他的第二本最有名的著作——《上帝之城》，来回应这令人悲恸的事件。该书共有 22 卷，写作时间跨度为 12 年。在该著里，奥古斯丁详细推出了他的政治理论，让尘世之城的现实与天国之城的理想构成鲜明对比。

大约在同一时期，奥古斯丁还在撰写多卷本的《论“三位一体”》。该著后半部分饱含了他成熟的心灵哲学。

奥古斯丁的许多著作都是论战性的，在其生前就广受争议。这对他既是福佑，也是诅咒：他不得不听任人们引用他，误引他，借他的口主张他很难记得有没有说过的东西。所以，我们对他在晚年写了一本名为《订正篇》的著作就无须奇怪。在该著里，他澄清并修正了早期著作中的一些观点。

新柏拉图主义

奥古斯丁直到 30 多岁才真正发现哲学。他在北非所受的教育局限于文法。由于没有学好希腊语，他不能阅读古代哲学家柏拉图（公元前 427—前 347）和亚里士多德（公元前 384—前 322）。也许这部分地解释了他为什么称他们为“希腊害虫”（A49）。虽然如此，从青少年时期起，他就想要成为哲学家了。所以，当他的政治抱负成为泡沫时，就一心想自修哲学了。正是在此时，他才发现了新柏拉图主义这一哲学学派。新柏拉图主义对他的著作影响深远，以至人们一般称他为一位基督教新柏拉图主义者。要明白新柏拉图主义怎么对奥古斯丁有这么大的影响，我们就得理解他的信教经历。

孩提时，奥古斯丁对他母亲所信的公教是毫无印象的。他觉得它太肤浅了。一个全能、全知、全善的上帝怎么会创造一个充满了这么多苦难的世界呢？这个问题，后来被哲学家们称作“恶的问题”，萦绕在奥古斯丁的心头，他发现没有一个公教徒能找到一个理想的答案。

尽管对主流基督教不满意，但奥古斯丁却喜欢这么一种观点，即人生有一个戏剧性的目的。在迦太基当学生时，他参加了一个名为“摩尼教”的基督教异端团体，这个名称来自于波斯的创建者摩尼（Mani，卒于公元 276 年），该派宣称提供了一条更深刻的宗教进路。

摩尼的一大成就乃是为恶的问题提供了一个答案。摩尼采纳了琐罗亚斯德教的神话，认为宇宙是一个巨大的战场。上帝和撒旦是交战的双方。上帝为善而战，要消灭苦难，但撒旦是一个有力的对手，不过终将被打败。人类处在战事的核心，有时被这一边控制着，有时又被另一边控制着。

在摩尼的眼里，生命的目标就是识别善的力量，避免自己的行为被恶的力量利用。摩尼视被钉十字架的基督为榜样：他没有屈服，但也没有战斗。

摩尼教成了4世纪时咖啡馆哲学家（译者注：即业余哲学家）的避难所。该教派的核心圈子是排他的、神秘的。他们想要变得苍白瘦弱，奉行秘密的禁忌和自虐。在大学里他们待在自己家里，不吃肉，不要孩子。奥古斯丁成了外圈的一员——接受教育，严于克己，但不走极端。他是一个敏感的年轻人。生活在4世纪北非的混战里，他有了一种表达他天生焦虑的方式。

20多岁时，奥古斯丁见了一个名为福斯图斯（Faustus）的摩尼教主教，发现他不过是一个江湖骗子，于是他就离摩尼教而去了。不过他没有放弃恶的问题。终其一生，他都保持对每一种幸福的脆弱性的敏感意识。奥古斯丁两本最有名的书都可视为对这一主题延长的探索:《忏悔录》是从个人层面上探讨善恶的战争;《上帝之城》是从社会的层面上来探讨。奥古斯丁个人所需的是理智地解释为什么有如此之多的苦难。唯有通过把公教图景和他自己对新柏拉图主义的理解结合在一起，奥古斯丁才能最终得到他感到满意的答案。

名副其实，新柏拉图主义者指的是这么一批哲学家，他们认为自己是柏拉图的追随者和推进者。柏拉图教导的关键因素是区分了物理世界和形式世界。物理世界是一个朽坏的、不完善的、变化的世界，而形式世界是一个完善的、不变的、永恒的世界。因为物理世界总是变化着的，关于它的真正的科学知识就是不可能的。物理世界是形式世界苍白的摹本，正如一幅画是风景或模特的摹本。这样，真正的知识就得通过沉思的形式来寻求，形式才是现象的真实原因。新柏拉图主义哲学家着重发展了柏拉图哲学的这个二元论。

新柏拉图学派最杰出的领袖是一个埃及人，名为柏罗丁（Plotinus，204—270）。柏罗丁相信，人的灵魂是神圣的。灵魂若非被囚禁在身体里，本是完美的。身体，与普通的物质世界一道，乃是恶的无尽的源泉。灵魂必须抵抗恶，直到它与身体分离，居于自己纯粹的形式之中。

这种观念让奥古斯丁的想象如受火烤。摩尼教可说是成功地为上帝开脱了恶之责任，说恶并非来自上帝，而是来自撒旦。认为撒旦是恶之源泉的观点为人类找到了逃避责任的借口。这与奥古斯丁体验到的罪疚感和受苦时的同谋感不符。柏罗丁正确的地方在于将身体牵涉进来了。但他犯了和摩尼教一样的错误，以为身体并不是人的一个真正的部分。奥古斯丁可以将这与其基督教目标调和起来，坚持人是身体和灵魂的复合体。但就我们自由地选择了可变的物质之善，而未选不变的属灵之善来说，我们却要为此世界中的不幸负责。

在后面的章节里，我们将详细考察奥古斯丁对恶的问题的解答。至于现在，注意到下面这点就够了，就是奥古斯丁一旦认识到新柏拉图主义包含了对恶的问题的有用的答案，就彻底地投身于它。

奥古斯丁并不局限于其最关注的主题，他在许多哲学探究上都将新柏拉图主义和基督教结合在一起。促动并引导他的探究的主要原则是新柏拉图主义的这一主张，就是对于人的理性来说，最终认识关于善或上帝的真理乃是可能的。

1600 年后读奥古斯丁，带给人一种真实不妄的愉悦就是可以发现后来在哲学史上涌现的诸多重要论证和论点的根源。西方传统里的所有伟大思想家都读奥古斯丁，并在他的著作中发现有价值之物——不管最后赞同与否。

2

On Augustine —— 神正论

“神正论”（theodicy）是两个希腊词的组合，一个是“theos”，一个是“dike”，分别指“神”和“正当或正义”。神正论就是试图使上帝对恶的容忍正当化。

大多数人认为，恶的存在是一个明明白白的事实。恶有两大类。第一类是恶的行为，例如污辱一位朋友或折磨一个孩子；第二类是自然的恶，例如地震和病毒。之所以都称之为“恶”，是因为在两种情况里，无辜的人们受到伤害，或说得更普遍一些，即美好的事物遭到破坏。

奥古斯丁出于个人的体验而寻求神正论。他不仅是生活在一个动荡的历史时期，而且在自己的生活中也遭受了很多的苦。

他想相信上帝，却又觉得只有在理解上帝为何容忍如此多的恶之后才能相信。在探究上帝的义的本质时，奥古斯丁提出了恶的问题的答案，该答案将支配着以后的西方思想。

恶的问题

谁若是相信有一位全能、全知、全善的神祇，谁便会碰到恶的问题。这样一个神祇的存在，怎么与恶的存在相一致呢？可以用论证的形式将这个问题陈述如下：

1. 恶存在。

2. 假如上帝对恶无所知，那么他就不是全知的。

3. 假如上帝知道恶，但不能阻止它，那么他就不是全能的。

4. 假如上帝知道恶，也能阻止它，但却没有这么做，那么他就不是全善的。

结论就是，恶的存在证明了不会有一位全知、全能、全善的神祇。

历史上许多哲学家由于认为恶的问题提出了一个不可反驳的论证，而成为无神论者。当然，恶的问题只会在一神论宗教那里出现，这种宗教将各种力量和至善都归之于一个存在。对泛神论或异教徒来说，不必提出该问题。不过，当这问题与基督教相连时，论证就显得十分令人信服了。

第一个前提看起来是自明的（尽管我们将看到，奥古斯丁试图否认它）。第二、第三个前提得到限定后似乎是真的。这样，两个最为常见的回应，就集中在第四个前提上。

对第四个前提的一个常见回应是自由回应。该回应认为，恶是人类自由的代价。出于其仁慈，上帝想要创造一个无恶的世界。然而，出于其智慧，他知道人类若非能自由地过着自己的生活，否则是不能幸福的。上帝像慈爱的父母一样允许我们过我们自己的生活，既然允许，那就为两类恶敞开了大门。恶的行为是由人的选择直接导致的；自然的恶是由人的选择间接导致的。毕竟，只要人类没有卷到里面，地震或病毒是谈不上什么恶的。假如我们选择了听从上帝的话，那么上帝本是不会允许碰上恶的。照这种观点，上帝就不为恶负责，因为一切的恶都是人类选择直接或间接的后果。

对第四个前提的另一个常见的回应是诺斯替的回应。该回应认为，上帝的智慧超乎我们的理解，在我们看来是恶的东西，其实根本不是恶。这种观点得到了旧约《约伯记》的启发。在这本书里，上帝用一个接一个的灾祸考验他的仆人约伯的忠诚。约伯又是祷告，又是倾听上帝，但上帝继续考验他。最后，约伯问上帝为什么这么对待他。上帝以雷霆作答："我造世界的时候，你在哪里？"——有力地提醒着约伯，人类有限的心智是不能认识上帝无限的心智的。照这种观点，真正的神正论就是不可能有的了，因为尽管上帝是义的，但他的义却非我们所能领会的。

奥古斯丁也许是西方历史上第一个综合了这两大回应的哲学家。他很早就发展了第一种回应,到晚年又诉诸第二种回应。

自由意志论和决定论

自由回应是说，上帝造人时给了人自由，上帝也是这么造世界的,当他们不照他们本该做的那样做时,他们就会遭受到恶。所以，奥古斯丁面临的主要任务就是证明，自由是人类存在的一个真正的因素，它就在于我们不做我们本该做之事的能力。

这个任务比人们想象的要困难得多。哲学家们很久以来就在为人类自由的本性和存在而争论，出现了两种主要的论点。

形而上的自由意志论是奥古斯丁所需要的。该主义认为，人类有力量自由地行动。一个自由的行动乃是这么一个行动，它不为外在于行事人意志的先在条件所决定。想象医生的一个病人本来静静地坐在椅子上，突然踢了一下她的腿。按照自由意志论者的看法，唯有当这个病人既能够踢，又在踢之前能够不踢时，这个行动才是自由的。倘若先在的条件使得她不可能不踢（比如医生用橡胶锤敲打她的膝盖），那么这行动就不是自由的。自由意志论者一般乐于承认，并不是所有的人类行为都是自由的，但他们坚持有一些人类行为是自由的。事实上，他们认为，人做出一个行为若不是自由的，那么判定这个人要为该行为负责就是没有道理的了。

决定论与此相反。它认为人的行为没有一个是自由的。倒不如说，宇宙中发生的万事万物都是由先在条件导致的，不会是两样的。导致一个病人踢腿的原因可能有许多个，可能是条件反射，可能是由于危险，可能是为了要得到某人的注意，等等。不管它是一个信念，一种感情，还是一种物理的力量，都是某个因素或一组因素导致了这一行为。这就是说，只要给定了这些因素，病人就不得不踢她的腿。她可能觉得，她能够不踢，但这只是因为她没有意识到导致她踢的所有因素。

自由意志论是绝大多数人凭着个人经验相信的常识性的观点。我们觉得自己有时是自由的，为什么要设想我们不是自由的呢？

有许多理由来怀疑自由经验。谁若是想要弄一幅宇宙全图出来，谁就会很快卷进大堆难题里面，难以说清楚为什么人有可另行其事的能力。

下面从亚里士多德的观点来思考此事。亚里士多德是一个异教徒，将上帝设想为不动的推动者，这一上帝概念在基督教传统里得到了保留。他的宇宙论隐含着这么一种观点，就是上帝乃是宇宙中唯一推动别物，但又不受别物推动的东西。人的每一个行为，甚至每一个决定，都是一种运动。所以，即使是一个决定也是受到别物推动的。这一推动者链条乃是一个牢不可破的因果链条。坚持人类自由就会打破因果链的设想——微型的不动推动者（译注：指人类）创造着个别的历史。这里并没有给我们解释作为一个整体的宇宙历史。许多体系思想家倾向于认为决定论是真的。

有时人们会争论说，当代关于人的科学，尤其是生理学和心理学，预设了决定论，至少认为这些科学更接近于决定论阵营。这些科学的任务，部分在于用物理的和社会的先前条件来解释人类行为，其成功是有目共睹的。现在我们能够用化学来控制并改变人们所做的许多选择。既然自由的感觉仍是伴随着这些“选择”的，那么这就可以作为证据，表明自由的感觉是一种幻觉。

在对话录《斐多篇》和《蒂迈欧篇》里，柏拉图提供了一些反对这种决定论的先例。他将上帝设想成造物主，造物主通过赋予早已存在的混沌以秩序而创造了宇宙。柏拉图还认为，人类就其能赋予他们自己的灵魂以秩序而言,是跟上帝一样的。他用一个类比来描述人的灵魂。想象一辆战车，有一个驭者驾驶着，有一明一暗两匹战马拉着。明马代表灵魂高贵的部分，暗马代表灵魂下流的部分；驭者代表灵魂中控制着这些彼此冲突的冲动的部分。驭者引导着马儿，但他自己却不为别物所引导。这可视为自由意志论的理想模型。不过，柏拉图却从未成功地将这一类比转化为可起作用的理论。

问题是自由意志论隐含着人类有上帝一样的力量。奥古斯丁需要一种强势的形而上学的假设来支持这一理论。

意志的发明?

一般认为，奥古斯丁是第一个提出了成熟的意志概念的哲学家。意志是使得人类自由的心灵层面。

自由意志论者常将意志描述成一种力量，凭着它，我们从自然律中脱颖而出。重力使岩石下坠；阳光和氮使树向上生长；本能使松鼠收藏橡果——这些事物没有一个能做与此迥异的事。自由意志论者承认人类也服从某些自由冲动,如需要吃、睡、交合等。然而，人却可凭着纯粹的意志力量拒绝这样的冲动。除了不服从本性外，我们还有力量超出本性，为自己发明一个目标，或有意在彼此竞争的目标之间做一断然的选择。当自由意志论者宣称人有自由意志时，就是这么个意思。

“意志”一词的拉丁语是“voluntas”。尽管这个词远在奥古斯丁之前就已通用，但没有人像他那样用在形而上学里。

奥古斯丁对意志存在的首次暗示来自他的个人体验。在《忏悔录》里他写道：

……现在我就像意识到有生命一样，意识到我有一个意志。当我愿意做或不做某事时，我十分确定正是我自己，而不是别人在愿意；正是我，认识到我的罪的原因就在那儿。但在我看来，我不情愿做的事是我宁可受苦也不做的事。我认为这不是我的过错，而是对我的惩罚……（D109–110）

奥古斯丁是正确的，因为通过内省，我们至少看起来是有关于自由意志存在的直接证据的。不过,决定论者也可回答说，知道某物存在和相信某事存在是截然不同的。所以，奥古斯丁并没有否定决定论者的“自由不过是幻觉”的主张。

然而，在其早期著作《论意志的自由选择》里，奥古斯丁却提供了一个论证。论证是从这么一个问题开始的：好人是如何变坏的？一场很长的讨论引出奥古斯丁的答案：唯有自由意志才能解释这一现象。他写道：

讨论到现在，我们达到了一个结论，就是一个处于控制之下的心灵，一个拥有美德的心灵，不能够被同等于它或优异于它的东西变成过度欲望的奴隶，因为同等于它或优异于它的东西会是正义的。也不能够被劣于它的东西变成奴隶，因为劣于它的东西会过分无力。这样就只剩下一种可能性了：唯有它自己的意志和自由选择才能够使心灵成为贪欲之伴侣。（H17）

我们将该论证称为“美德心灵论证”，其逻辑并不难以理解。下面，我们将详细地考察它。

首先，奥古斯丁考虑了诸种可能性。假如某物导致有美德的心灵失去了其美德，该某物要么是在心灵里面的，要么是在心灵外面的。假如它是在外面的，那么要么是优于心灵的，要么是同等于心灵的，要么是劣于心灵的。

其次，奥古斯丁断言，任何优于或同等于有美德的心灵的东西不能使心灵失去其美德。这里他是在说，优于或同等于有美德的心灵的唯一东西只会是另一个有美德的心灵，而一个有美德的心灵本是正义的。他进而说，一个正义的心灵既然是正义的，那么就不会导致另一个心灵失去其美德。

最后，奥古斯丁声称，任何劣于有美德心灵的东西都不能导致它失去其美德。他以为，劣等的东西也就是更弱的东西。这就等于说，它不能导致有美德的心灵失去其美德，要令心灵失去其美德，它至少得和心灵一样强大。

这三个前提凑在一起就等于说，有美德的心灵外面的东西，没有一个是能使其失去其美德的。所以，想必是某种内在于心灵之中的东西——意志——导致了其美德的丧失。请看奥古斯丁有名的问题：“意志的力量之中，除了意志本身外，还有什么是如此有力的呢？”（H19）

这个结论是自由意志论的，因为当奥古斯丁说“使得心灵成为贪欲之伴侣”的正是意志时，实际就是说意志是罪的唯一原因，也即意志导致了罪，而它本身却不以别物为原因。他写道：

> 但也许你要问，什么是意志由以背离不变的善、趋于可变的善的这一运动的原因……假如我告诉你说我不知道，你也许会失望。但事实却是如此。因为人不能知道本是虚无的东西。（H69）

虚无引发了意志。意志是一个无因的原因，一个不受推动的推动者。奥古斯丁承认这一点，因为他认为这么做就堵死了恶的无限倒退。他写道：

> 意志是意志的原因，但你是在问意志自身的原因，假如我能找到这原因。为什么我们就不能再追问这原因的原因呢？这一追问的界限在哪里呢？我们的问题和讨论将在哪里终结呢？（H104）

通过美德心灵论证，奥古斯丁业已显明为何追问的终点就在个别心灵之内。若要解释个别心灵之内又是什么导致了意志的运动，就是没有道理的了。因为这样一来，他又得在心灵之内抬出另一个原因来解释是什么使得第一因运动，如此下去以至无穷。

美德心灵论证中最令人迷惑之处是奥古斯丁对“优于”“等于”“劣于”这样的度量词的用法,就好像这些词是和“高于”“等高于”“矮于”一样客观、可观察的，但事实上它们并不十分明确。高度是这么一种尺度，是可以用英寸或厘米来度量的。“优于”“等于”“劣于”该如何度量呢？有这样一种尺度吗？

新柏拉图主义者相信有。为了充分理解奥古斯丁美德心灵论证所要成就的东西，我们就得考察新柏拉图主义对于一套衡量尺度的信念，对于所谓存在大链条的信念。

存在大链条

存在大链条是对存在本身的一种衡量尺度。

今天，绝大多数人都认为存在是一件要么全有、要么全无的事：要么你存在，要么你不存在。例如，地球、法国的谢尔河和这本书都存在，而独角兽和星际航船企业并不存在。存在要么是“开着”，要么是“灭了”，就如房间里电灯的标准型号的开关一样。

新柏拉图主义与此相反，它会将存在与带着模糊开关的房灯相比。有不同程度的存在，宇宙中的每一事物都可根据它有多少存在来衡量。有更多存在的事物在存在大链条里，那么他们就更优越一些，存在少一些的事物就更劣等一些。如果“存在的程度”或“实在的程度”这样的词听起来有点奇怪，那么你也可以用“完善的程度”“复杂的程度”或“潜能的程度”这样的词来领会存在大链条观念。

这一观念的源头可追溯到柏拉图那里。按照柏拉图的宇宙论，构成事物的质料始终是存在的。造物主通过赋予质料形式而创造了我们所知的世界。不过，造物主却不单个地制造具体事物。他倒是有大量的基本形式可用——很像饼刀之于饼团。这可解释为何这个世界中的事物是有种类的。比如，尽管有大量的人彼此多少有点不同，但都算是人类的成员之一。据柏拉图的说法，他们之所以属于同一类，是因为他们是从同一个基本形式里造出来的。这个世界中的所有别的事物也是如此。

尽管这构成了一个听来不错的创世神话，但哲学家们却要求柏拉图讲述得更详细一些。他是在说每一种事物都有一个形式吗？头发、淤泥、指甲又怎么算呢？造物主为所有这些东西都准备了切饼刀吗？

在回应这一类的批评时，柏拉图发展出这么一种论点，就是实际上只有一种基本形式，即善之形式。我们所看到的世界中的万事万物都是从善的形式的各个层面造出来的。在它们之中，人类占有了善的形式的绝大部分。头发和指甲占的部分少，因为它们只是人类的适当部分。淤泥之中很难说有什么善的形式，因为淤泥可说是与那万物得以造成的原始物质没什么差别。

新柏拉图主义者采用柏拉图的这一观念，并暗示说，世上每一事物都有其存在的程度，恰与其善的程度相配。若是被视为一团原始物质，某一事物就要么存在、要么不存在，但若是被视为这个世界中的一种事物，它就按等级存在。拥有更多善的形式的种类，其存在程度就大一些；拥有更少善的形式的种类，其存在程度就小一些。

奥古斯丁不仅接受这一新柏拉图主义的图景，而且用它来促成一种根本的因果原理。这一原理常常出现在奥古斯丁的思想里，它也在别的哲学家的著作里扮演了重要的角色，其中最有名的是笛卡尔（1596—1650）。我们将称之为“新柏拉图主义的因果原理”。

> 新柏拉图主义因果原理：要使一个事物 X 对另一事物 Y 有因果能力，X 必须要么等于；要么大于 Y。

一物的存在越多，一物的因果能力就越大。

这一背景使我们得以分析奥古斯丁的美德心灵论证。一颗美德心里面有许多善的形式，因此存在于一个相当高的等级上。一物若是里面没有多少善的形式（即较低级的某物），那么其存在的程度就小，对那颗心灵就没有因果影响力。反之，对美德心有因果影响力的东西则存在于平等或更大的程度上，这就表明它里面也有更多善的形式（即它是优越的）。比美德之心更多善之形式的东西，是不会不公平到使一颗美德心失去其美德的。奥古斯丁的结论是，能使一颗美德之心失去其美德的唯一的东西，乃是它自己的自由选择。

神圣有罪性

美德心灵论证是否成功地证明了人类有自由在善恶之间进行选择，这件事还存有争议。不过，假设它成功了，是否就意味着奥古斯丁维护了对恶的问题的自由回应呢?

最为剧烈的反对意见是，由于因果的可转换性，自由回应并没有开脱上帝对世上恶的责任。奥古斯丁坚持，是人类导致了恶。尽管这样，却也仍然承认是上帝创造了人类，而且上帝早就提前知道人类会作恶。通过转换，上帝就成了恶的终极原因。所以，怎么能说他是无罪的呢?

可用一个类比来说明这点。假设弗兰肯斯坦博士设计出了一种他知道会杀人的仪器，那么我们是应该谴责不可避免地造成死亡的该仪器，还是该谴责弗兰肯斯坦博士呢?显然我们该谴责弗兰肯斯坦博士：他没有亲手杀人，这并不能使他的罪得到开脱。

使这种反对意见显得更为有力的是如下事实，即当我们选择的邪恶后果发生时，上帝就在一旁看着。设想你正作为一个无辜的旁观者在一旁看着，这是不对的。绝大多数人相信，假如你有能力，你就应该制止邪恶的事发生。然而上帝却没有阻止由我们的选择导致的恶。

最后，主张上帝有罪性的反对意见质问：为什么上帝不能创造这么一种人类，他们有着足够的理智和同情，以致尽管他们有选择作恶的自由，却从来不会真正地作恶呢?

奥古斯丁比后来的许多哲学家都更清楚地看到了这一反对意见，并作了诸多努力来回答它。他的策略是运用新柏拉图主义的“恶不存在”论点,来否认可用弗兰肯斯坦博士类比上帝。按照新柏拉图主义的观点，恶不是像弗兰肯斯坦博士的杀人仪器那样的积极实体。相反地倒是一种虚无，而虚无乃是任何积极实体存在的必要条件。奥古斯丁写道：

> 所谓的恶，岂不是善之缺乏吗?在动物的身体那里，遭受疾病和伤痛的打击岂不正是健康的缺乏吗?因为，当疗效起作用时，并不意味着这些表现出来了的恶（即那些疾病和伤痛）退走了或到别处去了,它们只是没有了。因为伤痛或疾病并不是实体，而是肉身实体的缺陷。实体当然是好东西，实体就是肉身本身，它的偶性就是上述的恶，就是所谓“健康”这种善的缺乏。与此相似，灵魂里的恶乃是自然之善的缺乏。当它们被医治后，并没有转移到别的地方去。既然它们不在健康灵魂的任何地方，就哪儿也不在。（L,IV，376-377）

尽管奥古斯丁并不否认恶的发生，但他否认这些产生物是事物，所以可视之为是在挑战恶的问题原始论证里面的前提之一（译注：即“恶真实存在”这一前提）。

根据新柏拉图主义，美德的缺失是某些善的形式的缺失，因此是存在本身的一种缺失。所以，对自由的误用使得人类很悲惨不要感到奇怪。它使得我们低劣了，也就在任一方面都变弱了。在新柏拉图主义的体系里，遭受恶就是遭受非存在。不能认为上帝要为导致了恶存在而负责，因为恶并不是一个存在着的实在。它倒是像炸面圈中间的那个洞，是由事物的结构所隐含着的空。

既然我们有着如此之多的洞，那还不如不把我们创造出来呢。但是奥古斯丁认为，这么说未免太性急了。毕竟，只有上帝才能是绝对完美的，他不能创造他自己。所以，当他创造时，他就必然创造出某种不那么绝对完美的东西。这并不意味着它不是好的。奥古斯丁写道：

> 一切自然的存在都是好的，因为创造了它们每一种存在的上帝是至善的……只要一个存在者处于腐败的过程中，那么在它之中就必有一个善，正是这善正在缺失之中……所以，每一个存在者都是善的——如果它是不能被腐化的，那么它就是大善；如果它是能够被腐化的，那么它就是小善，但只有

愚人和无知者才会否认它是善的。如果一个存在者被腐败所消灭了，那么腐败也就无处存身了，寄身于其中的存在之物也就找不到地方可以存在了。（L，IV，377）

上帝本可创造自由，从不选择恶的存在物，但事实上他也创造了这样的存在物，即所谓天使，这些天使在存在大链条上是高我们一级的。不过，天使的优胜之处，却唯有在其被视为更大图景的一部分才能看出来。这图景包括了整个存在的范围。存在大链条的高低秩序如下：

上帝：永恒、无罪、理性、活泼、美。

天使：无罪、理性、活泼、美。

人类：理性、活泼、美。

动物：活泼、美。

光：美。

宇宙中的万事万物都位于这一等级的某个位置，任一因素都是完成这个事物大框架所必需的。

奥古斯丁用星光的亮度来比喻不同事物存在的程度。他说：

当你观察到它们之中的不同，看到有些比别的亮时，若你想要消除其中一些暗的或把它们变得跟亮的一样亮，那么你就错了。相反，如果你用整体的完美来观照它们，你就会看出，这些亮度上的差别有助于宇宙的存在更为完美。伟大的事物若不是与不那么伟大的事物一并存在，后者若是被排除了出去，那么宇宙就不会完美了。（H88）

即便宇宙之中个别的成员不像它们应该的那样完美，作为一个整体的宇宙却是像它应该的那样完美的。奥古斯丁的这番话为后来的莱布尼茨（Gottfried Leibniz，1646—1716）打下了理论基础，后者主张我们这个世界乃是“一切可能世界中最好的”。

这些步骤足以回应“上帝有罪”的反对意见吗？有些哲学家继续诉之于自由回应理论，信奉其某一个版本，而另一些哲学家仍不信服，也许是因为“恶乃是否定或缺乏”的概念看起来是与直觉相抵触的，它不过是诡辩语义学的结果。对我们来说，重要的事情乃是奥古斯丁本人随着时间的推移对它越来越不满意。随着人生体验的进一步丰富，随着对他所秉承的宗教传统有越来越多的发现，他慢慢地认识到，他本是可以走出自由意志论和自由回应论，而代之以趋向决定论和不可知论回应的。

恩　　典

晚年写《订正篇》时，奥古斯丁带着一丝遗憾回顾了他早年对恶的问题的处理。他说："在解决这个问题时，我实际上着力于辩护人类意志的自由选择。但最终是上帝的恩典战胜了……"（L，LX，120）

恩典乃是不受条件制约、本不配得到的神之宠爱。基督徒常用这个概念来解释他们人生奇迹般的改变：皈依、医治、突然的洞见，等等。恩典在犹太—基督教传统里是根深蒂固的，奥古斯丁本人觉得曾经体验过它。在恩典和自由意志之间有一种张力，因为恩典可用来作为人类是怎么能够违抗并超越本性的一种选择性的解释。

是什么使得奥古斯丁重新思考他的自由意志论的呢？是他对恩典的体验，还是他为了要辩护犹太—基督教传统？可能我们永远都不清楚。

我们所知道的只是，在奥古斯丁发表《论意志的自由选择》之后，公教会内部开始分裂出一个小团体。人们称他们为"贝拉基派"，是以贝拉基（Pelagius，360—462）其人命名的，这人是一位定居于罗马的英格兰修士。贝拉基派宣称，此生可以借着意志的伟力获得道德的至善。他们引一些晦涩两可的圣经经文为据，断言人类可以凭着自力上天堂，上帝不得不奖赏他们。公教会很快就正式地谴责他们的观点，说他们是异端。

令奥古斯丁气愤的是，贝拉基派在为自己的主张辩护时援引《论意志的自由选择》的某些段落以为支持。比如，奥古斯丁说过："正是凭着意志，我们才过着并配得上值得赞扬的、幸福的生活，或值得贬斥的、不幸的生活。（H22）”显然，贝拉基派在认为奥古斯丁是他们自己人时多多少少是有点道理的。

不过，贝拉基在公开地将奥古斯丁的非洲腔调和做法与一只叫驴相比较时，却犯了一个策略上的错误。这样一来，他就为自己和意志自由招来一个热心的敌人。奥古斯丁认定自己有足够的理由转而将恩典奉为第一位的。

首先，他有他自己的亲身体验。奥古斯丁感觉到，有一些显著的人生事实是自由意志论无法解释的。人类屈从于坏习惯和冲动，它们使我们事与愿违。

比如，想一想偷窃癖、酒鬼、色鬼、烟鬼、办事拖沓者、挥霍者、咬指甲者、贪食者、碎嘴皮、皮条客、以杀戮为乐者，以及我们不是很熟的别的这类人。有时这类人甚至没有意识到他们在做什么。更糟的是，有时他们十分清楚自己在做什么，但是仍然停不了手。奥古斯丁反复举自己为例。在《独白篇》里他对自己说：

> 当我们在讨论娶妻的欲望时，认为女人的拥抱是多么可卑、可恨、可耻、可怕啊！然而到了那同一天的夜里，当我们清醒地躺着，再一次回想这些事时，你认识到实际上与你的主张有多么不同，这些想象的抚爱和它们苦涩的甜蜜是多么地令你兴奋啊。（L，I，376）

奥古斯丁承认，他一生都为性欲所苦，即使在皈依和受神职后都是如此。

奥古斯丁将这类问题称为“愚昧与困难”。他越来越确信，愚昧和困难不只是人的偶然问题，而是它们决定人的性格。我们使自己成为衰败样式的奴隶。当我们最终打破这样的样式，假如我们能打破这样的样式，看起来就好像是自外而来的一个奇迹了。这使奥古斯丁怀疑起人类自由的实在来。

其次,他有《圣经》为据。当奥古斯丁为了讲道而研习《圣经》时，他发现经文在说，人类所有的每一种积极的力量什么都不是，而只是上帝在借着我们工作。他还发现经文暗示说，上帝有意用愚昧和困难来打击我们，好提供赐予恩典的机会。

奥古斯丁在这事上的转折点可以回溯到他对《新约》之《罗马书》第 9 章的著名阐释（见奥古斯丁致辛普里西安的信之 F 部分）。在《罗马书》第 9 章，使徒保罗讨论的是《旧约》关于利百加所生双胞胎雅各和以扫的事。雅各后来成了以色列人的领袖，而以扫却声名扫地。保罗指示说，这个故事的关键就是表明上帝之救人并不是出于对善事的回报。这从如下事实看得出来，就是雅各和以扫两人都在娘胎、毫无区别时上帝就爱雅各、恨以扫了。上帝也不是因为他预见到雅各好而以扫坏，就爱雅各而恨以扫。倒不如说，雅各的好运乃是无所限制、白白赐予的神恩的结果。《圣经》中类似这样的段落使得奥古斯丁确信，恩典之起作用不是一种偶然的举升，而是我们人生最终的决定项。

直到临终之际，奥古斯丁都否认他曾是一名贝拉基派。关于《论意志的自由选择》中的可疑段落，他写道：

> 在我这些相似的段落里，由于不是那时所讨论的主题，因而没有提到上帝的恩典，贝拉基派就以为我的观点与他们一致。但他们这么想却是错了。因为这里我们讨论的主题显然是我们得以犯罪或生活得正义的意志。这样，除非这个意志被上帝的恩典从一直以来的“罪之奴隶”的奴隶状态下释放出来，除非它得到了帮助来克服自己的邪恶，终有一死的人是不能活得正义和虔诚的。（L，LX，35）

随着年岁的增长，奥古斯丁越来越少用自由来看人心，而越来越多用束缚来看人心。这么做时,他就发展了原罪的教义。

原　罪

原罪是这么一种罪，是所有的人从他们的始祖亚当和夏娃那里继承来的。它完善了恩典的概念，解释了为什么我们不能够凭着自力逃避愚昧和困难。

据奥古斯丁的观点，恶在于受苦，而受苦在于愚昧和困难。不管你是在对付你自己的冲动、别人的冲动、自然本身的潮汐，问题都在于你并不很理解这些现象。即使你理解，你也不能够做什么。这样，奥古斯丁就提供了一种相当说得过去的，甚至还是准确的，对于人的存在之不幸的描述。

但是人的存在为什么是这样的呢？这是奥古斯丁从一开始就决定要回答的问题。自由之回应认为，人由于没有选择应该做的事，而给自己招来了苦难。据这种看法，愚昧和困难就只是对个别错事的个别惩罚了。

不过，婴儿的例子却对这种主张构成了明显的挑战。看来，婴儿早在可能有机会滥用其自由之前，就已遭受到愚昧和困难了。

奥古斯丁在《论意志的自由选择》里模模糊糊地认识到这一问题。在那里，他试图用婴儿在惩罚别人中的作用来解释婴儿的受苦。他写道：

> 既然上帝通过成人所钟爱的婴儿的受苦和死亡来纠正成人，获得某种善，那么这种事为什么就不该发生呢？一旦苦难过去了，对于孩子们来说，就仿佛苦难从来没有发生过似的……谁知道在上帝审判的隐秘深处，上帝为他们准备了什么样的奖赏呢？（H117）

不过，奥古斯丁却从未为这一解释所折服。显然，问题在于为什么为了惩罚有罪者,无辜者就得受苦。要达到同一目标，惩罚罪人所钟爱的别的有罪之人不是也可以吗？这个问题继续困扰着奥古斯丁，他很快认识到，他的神正论若想立稳，就得解决婴儿受苦的问题。

整个问题在于，婴儿看起来像是无辜的。假如他们是无辜的，他们就不应该受苦。但如果他们根本就不是无辜的呢？在《忏悔录》里，奥古斯丁对童年有了一幅新画像。他写道：

> 我曾亲眼看到过一个小婴儿的嫉妒。他太小了，还不能说话，但他在看到别的婴儿伏在（母亲）胸前时却满是愤怒。这并非不寻常。母亲们和护士们会告诉你她们自有办法对付这种嫉妒。但不管怎么说，当一个婴儿不能忍受另一个婴儿共享如此富有营养的奶汁时，而这另一个婴儿急需奶汁来活命，这都是一种古怪的无辜。（D8）

这样的例子向奥古斯丁显明了婴儿并不是无辜的。

不过，仍然不可否认，婴儿在能够作出选择前常常受苦，而且受大苦。对恶的问题的自由回应碰到的最大挑战就是这个问题。自由回应预设了坏的选择是个别地受到惩罚。奥古斯丁认识到，解释婴儿受苦的唯一途径是相反地设想，坏的选择是共同地受到惩罚。

这显然是隐藏在原罪教义背后的动机。原罪设定了公有的罪过。因为人类犯过罪，人类就是有罪的——个体的识别是不重要的。奥古斯丁宣称在《圣经》中找到了该教义，尽管在他生前就有人指责他擅自发明了该教义。但他也没有说他理解得十分清楚。罪过是如此传递的吗？奥古斯丁承认自己不知道。他所知道的只是上帝必然让人类通过受孕而经验愚昧和困难，因为我们全都是通过受孕而多少有罪过的。该教义的必然结果是婴儿遭谴：任何人若是在死亡之前没有受洗或免罪，都会径直去地狱。

这看起来可能是对婴儿受苦问题的一个极端回应。它受到广泛批评，人们指责它将上帝的惩罚方法搞得跟大独裁者的方法一样。人们指责它说，甚至最严格的父母也不会信奉这种教义的。不过，奥古斯丁对此却视而不见。他说：

> 实际上，所有有罪的灵魂都深受这两大惩罚——愚昧和困难之苦。由于愚昧，错误就歪曲我们的行为；由于困难，我们的生活就是一场折磨和打击……不过，这儿我们碰到了一个诽谤性的问题，这个问题是那些准备为自己的罪过而谴责一切、唯独放过自己的人常常问的："假如犯罪的是亚当和夏娃，那么我们这些可怜的人做过什么呢？我们为什么就得生活在这种愚昧的盲目里和困难的折磨里呢？"……我的回答简洁明了："让他们闭嘴，停止对上帝窃窃私语。"（H107）

到了最后，婴儿受苦问题成了推动奥古斯丁远离自由回应、趋向不可知论回应的决定因素。上帝的义是超乎人类理解力的。

神圣道德性

重要的是要认识到这一转变的意义。在诉之于不可知论的回答时，奥古斯丁就停止了对神正论的寻求。他的出发点是"使上帝对人的方式正当化"，但结果却是不能这么做。神的仁慈是深不可测的。不过，这却使得奥古斯丁一劳永逸地解决恶的问题了。不管生活变得多么糟糕，都不会证明上帝不存在。但另一个问题却由之而来：为什么人要相信这样一个上帝呢？一旦没有了正当性，人就会以为人的苦难只是偶然机遇的结果。

说没有了正当性，到底是什么意思？这需要区别弱的不可知论和强的不可知论。弱的不可知论坚持，确实存在着人类苦难的正当理由，我们只是不知道它是什么而已；强的不可知论认为，我们不仅不能知道正当理由，而且根本就没有正当理由，因为上帝是超乎于正当化之上、之外的。奥古斯丁坚持的是哪种不可知论，我们并不总是很清楚。

不过，却有一种对这两种不可知论的反对意见。该意见说，强弱两种不可知论都将上帝描述成了这么一种样子，即以大多数人认为不道德的方式来行动的。

我们可通过一个类比来看出这点。设想你生来就有一种遗传病。按照当时的技术水平，你为此责备你的父母是可笑的。尽管他们真的使你有了这种疾病,但对此是无能为力的。不过，当代发展迅猛的遗传学革命却使事情有所改变。设想你的父母本可很容易防止你遗传这种病，但却没有做。你问他们为什么没有防止，却只是发现他们什么正当理由都没有。这听起来简直太不道德了。或者，设想他们提出了一种正当理由，但你永远也不会理解。这听上去也是在道德上无法接受的。看来，这可用来准确地类比上帝的例子。为什么适用于人类的道德判断，就不能适用于上帝呢?

今天，大多数哲学家都相信，道德判断也适用于上帝，使上帝成为全善的那部分东西正是他在任何场合都做最道德的事。他们要努力为恶的问题找到一个满意的答案。(若要浏览新近对恶的问题的讨论，请参看玛里琳·亚当斯、罗伯特·亚当斯著的《恶的问题》。)

不过，还可以用另一种方式来看这件事。如果你以为道德判断适用于上帝，那么你就是预设了存在着一个独立于上帝的道德标准。但这个标准是什么呢?又该用什么其他标准来识别并判断这个标准呢?这么一推就会导致无穷后退了。神律论者避免这个问题。他们说，上帝是这一倒退的终点，并不存在独立于上帝的道德标准。既然上帝所行之事决定了什么是道德之事，那么他所行之事就不能被说成是不道德的。

无论如何，奥古斯丁有其他理由信奉神律论。因此，他可以对神圣道德性反对意见作出一种回应。尽管如此，他却从未能复兴一种对人类自由似乎有理的阐释。

兼 容 论

奥古斯丁晚期对恩典和原罪概念的倚重，使他转变成为一个神学决定论者。神学决定论认为，我们所做的一切事情都是由先在的条件导致的，最终可追溯到上帝那里。尽管晚期的奥古斯丁显然是一个神学决定论者，将他归到“软”决定论者即兼容论者一边可能更准确一些。兼容论认为，尽管所有的人类行为都是由先在的条件引起的，但称某些行为是“自由的”却仍然是合适的。

兼容论者想要区分内在引起的行为和外在引起的行为。再想一想我们上面举过的那个例子，就是病人突然踢了一下她的腿的例子。假设使得她这么做的原因是她的医生在敲她的膝盖，看她腿的反应是否正常，这意味着该行为是外在引起的，因此不能被认为是自由的。不过，再假设使得她踢腿的是引人注意的欲望。按兼容论者的看法，这仍然算是一个先在的条件，使得她不可能不踢腿。所以，在自由意志论意义上她并不是“自由的”。尽管如此，兼容论者却仍会由于这个行为是内在引起的，而称它是“自由的”。并没有别人使得她踢她的腿，她是随自己的意踢腿的。

兼容论者作出这样一个区别，是因为他们想要说，人类在道德上只为他们“自由的”（即内在引起的）行为负责。假如外在于该病人的某物使得她踢腿，那么她就无须为此受责备；假如内在于她的某物使得她踢腿，那么她就必须为之负责，即便她不能另有选择。

奥古斯丁常被善意地解读成一个兼容论者。和大多数兼容论者一样，他保留着自由意志的语言，因为他知道，不用它就不可能来解释人的条件。不过，他运用这类语言却是为了达到决定论的目的。他想要坚持的是人类不能自居为善，因为一切善的行为都是由一个外在的原因，即上帝的恩典引起的。同时，他想要坚持的是人类必须为自己是坏的而自责，因为一切坏的行为都是由我们自己的意志引起的。既然意志是内因，我们就得为自己的恶行负责了，尽管我们别无选择。

在其晚期著作中，奥古斯丁致力于贬低所谓人类自由意志的尊严，并批评以自由意志自傲的人。他写道，人类是“为罪所囚”的，发生在我们身上最好的事是接受恩典，从而成为“上帝之囚”。

这样，奥古斯丁的神正论对哲学史的贡献就是令人疑虑的了。一方面，它为我们提供了一次与恶的问题的个人的，却仍是理智的相遇；另一方面，它引进了自由意志的概念，但它只是产生了另一套概念——恩典和原罪，它们反过来又取消了对自由意志概念的任何有意义的运用。奥古斯丁就是这样反映，并强化了西方思想独有的在人类自由一事上深刻的晦涩。

3

On Augustine ——— 知识

奥古斯丁在宗教里找到了他的救赎。在许多方面，他都是一个经典的“得到重生的”基督徒。不过，若是将他视作一个不善思考的教条主义者，那就不对了。奥古斯丁总是一个不断追问着的人。他想要理解他的生命和环绕着他的世界。他走到基督教那里，是因为它提供了答案，这些答案有助于他找到事物的意义。例如，我们已经看到，基督教是怎样有助于他解决萦绕在他心头的最大问题——恶的问题的。这不是唯一的例子。随着时间的推移，奥古斯丁体会到，若是没有上帝，一切都是黑暗的，而有了上帝，一切都会变得清明。他越来越喜爱对《以赛亚书》7：9的早期翻译（却不准确）：“你若不信，便不能理解。（例见 H3，32。）”他将这段话解释成哲学是在信仰的基础上建设理性结构的。

奥古斯丁作为哲学家的首要任务之一，就是为自己发现了某些真理的主张而进行辩护。那时正如今天，有许多哲学家否认人类能知道任何确定的东西。在找到宗教之前，奥古斯丁同意这种观点。还在读大学时，西塞罗的著作、学园派怀疑主义者的著作给他留下的印象都胜过圣经（D79）。他在搬到罗马时，甚至考虑加入学园派怀疑主义。但现在他宣称自己是一名知道者。他知道什么呢？他是如何知道的呢？知识是从哪里来的呢？这样的问题激发了他对认识的兴趣。认识论是研究人类的知识的。奥古斯丁的认识论理论影响了西方思想的许多流派。

怀疑主义

奥古斯丁碰到的怀疑主义的根源可追溯到柏拉图的老师苏格拉底（公元前 470—前 399）那儿。在柏拉图的《申辩篇》里，苏格拉底宣称，他拥有的任何智慧都在于不认为自己知道“不知道的事”。当然，这不是怀疑主义，但像是对理智上弄虚作假的一种谨慎的怀疑，对此奥古斯丁是不会有异议的。不过，柏拉图精神上的徒子徒孙却拣起了苏格拉底的格言以及苏格拉底方法，在古代世界发起了两场颇具影响力的怀疑主义运动。

较为温和的，也更为合人口味的怀疑主义是皮罗怀疑主义，该派之名来自以利斯的皮罗（Pyrrho of Elis，前 360—前 270 年）。皮罗派的目标是享有一种宁静（ataraxia）的状态——幸福和满足，人一旦做到了“悬置”（epoche）——悬置信念或判断——就能达到这种状态。悬置是由“比喻”产生出来的，是指一系列用来削弱人的信念的问题。

假设你相信你面前的这本书是红色的，皮罗派怀疑主义者就会问你，它在狗的眼里看起来会是什么颜色。你可能会回答，既然狗是色盲，那么这本书在它们眼里就会是灰色的。怀疑主义者接着会问你，在红外线眼的金星人那里，在 X 射线眼的超人那里，在紫外线眼的人那里，这本书又会是什么颜色。你会说各有不同。这样，怀疑主义者就会指出，没有理由认为你，作为无数种类的感知者之一，拥有特殊的途径更为接近这本书真实的颜色。毕竟，你只是一个终有一死者，你的视域从来都不是完美的。

就这样，皮罗派的怀疑主义者劝我们满足于看起来这样子的事物，别去浪费时间寻找现象背后的真理。在 4 世纪的北非，有诸多相互竞争的神学和哲学派别，彼此都宣称发现了实在之终极的本质。在时人的眼里，皮罗主义可能是一种颇具吸引力的观念。它是难于反驳的。尽管如此，它却没有对奥古斯丁构成诱惑。

引诱了奥古斯丁的是怀疑主义的另一主流派别，即学园派怀疑主义，其名称来自柏拉图的学园。学园的成员们，其中以卡尼阿德斯最为著名，于公元前 3 世纪首先表达了这个派别的怀疑主义。在奥古斯丁的时代，该派思想在罗马随处可见，可在西塞罗、恩披里柯（Sextus Empiricus）和其他人的著作里找到。学园派怀疑主义者采用了苏格拉底关于智性的谦卑的说法，将之扭曲成一种积极的主张，即我们知道我们根本就一无所知。

“我们知道我们根本就一无所知”这一命题的自我反驳性是显而易见的。假如我们确实一无所知，那么我们也就不能知道这个命题本身是真的了。

奥古斯丁在其早期著作《反学园派》里痛斥了这种观点。他争论说，学园派怀疑主义者最终被陷在了这么一个陷阱里，即断言智者一无所知，“甚至他由以被称为智者的智慧”！（A68）

奥古斯丁将学园派怀疑主义者逼入了一个二元困境。要么他们知道智者一无所知，要么他们不知道。假如他们宣称知道智者一无所知，那么他们就承认他们是智者，从而就根本什么也不知道；假如他们宣称不知道，那么他们就没有权力认为它是真的。不管选哪一种说法，他们都必须放弃自己的观点。

卡尼阿德斯试图为学园派怀疑主义者辩护。他的根据是，他们并不认为他们所信的命题是真的，而只是认为它“像是真的”。（A49ff）奥古斯丁回答，对这一说法可作两种理解。

一方面，卡尼阿德斯可能是指字面意义上的“像真理”。若是如此，他就得有某种方式来衡量怀疑主义者的信念离真理到底有多近。但是，要能够作这样一个衡量，就得对于真理本身有所知。当代认识论称此为“标准问题”。

另一方面，卡尼阿德斯可能是把“像真理”当作一个占位符，指称怀疑主义所信的无论什么东西，而和这些信念与真理多近无关。假如是这样，那么他就是在滥用语言，不值得我们回答他。奥古斯丁问道：“我们凭什么应该和不知道怎么表达自己人的争论呢？”（A50）

显然，反驳学园派的怀疑主义比反驳皮罗主义容易一些。奥古斯丁想要坚持他的新柏拉图主义的确信，即获得关于终极实在的知识乃是可能的。他认识到，反驳皮罗主义的唯一方法是对知识的本质另作阐述。

奥古斯丁的“我思”

在发表于1641年的《第一哲学沉思》里，被称作“现代哲学之父”的笛卡尔提出了一套有名的战胜怀疑主义的方法。他的方法就是试图使自己确信他所有的信念都是假的。倘若他找到了一个他断然不能相信其虚假性的信念，那么他就找到了一个确定性的信念，而免于一切的怀疑。

为了有助于令自己确信他的信念是假的，笛卡尔假装自己一辈子都受到一个邪魔的欺骗。邪魔极为聪明地愚弄他，让他相信他有一个身体，他生活在一个物质的世界里，而实际上这一切都是假的。凭着这个思想实验，笛卡尔得以将怀疑的方法运用到极端，甚至在某一时刻怀疑起自己的存在来。

一个戏剧性的转折就发生在这一刻。笛卡尔认识到，“我存在”这一信念乃是不可能为假的一个信念。欺骗者正在欺骗他，这一事实本身就证明了他存在。笛卡尔写道：

> 但是有一个欺骗者，他非常有力、狡猾，总是在处心积虑地欺骗我。假如他是在欺骗我，那么我也毫无疑问地存在着。就让他尽其所能地欺骗我吧，只要我会想到我是某个东西，他就永远也不会导致我什么也不是。所以，在最为仔细地掂量一切的事情后，最终必定达到这么一点，“我是，我在”这一宣告在我每次讲出它时或在心里设想它时都是必然真的。（N18）

笛卡尔用了这一个被称作“我思”（拉丁文“cogito”）的论证来驱逐怀疑主义，为哲学打下一个确定性的基础。

现在比较一下奥古斯丁在《上帝之城》里所说的：

> 关于这些真理，我对学园派的论证毫不害怕。他们说“假如你错了呢？”我回答：“假如我错了，我就存在。”一个不存在的存在者不能出错，所以如果我错了，我就必定存在。既然我的错证明了我存在，也看出我的错建立起了我的存在，那么我在认为自己存在这件事上怎么会犯错呢？所以，既然我必定存在才好出错，那么即便我错了，我在知道自己存在这件事上是没有错的也就是毫无疑问的了。（C460）

二者的相似之处引人注目，同样的表达在《论意志的自由选择》（H33）里也可以找到。有些译者甚至用“欺骗”的字眼来构造这一论证。

笛卡尔对他观点的来源讳莫如深。当他的朋友和批评者阿诺德（Antoine Arnauld，1612—1694）指出笛卡尔的“我思”多么像奥古斯丁的“我思”时，笛卡尔只是回答说，他为有这么一个著名的先驱而感到光荣。

与笛卡尔相似，奥古斯丁也运用“我思”作为反驳怀疑主义者的第一步。当皮罗派断言“自我”什么也不是，只不过是现象时，“我思”正当地反驳了他们。不过，对奥古斯丁和笛尔卡二者，“我思”却还有更大的意义，它表明真正知识的来源就在思想里。那些处于怀疑中的人只需要反思他们自己的怀疑来找到确定性就行了。真理是我们固有的。

固有观念说和经验主义

哲学史上对人类的知识问题曾有两种古典的进路，即经验主义和固有观念说（innatism）或理性主义。

经验主义认为，知识来自外部世界，是通过五官经验到的。根据经验主义，人出生时心灵就跟白板（tabula rasa）相似。当我们是婴儿时，我们是彻底无知的。当我们获得经验，就机械地将感觉印象彼此联系起来，并将这些相关的感觉印象作为信息在心里贮存起来。

经验主义是一种相当常识的观念。不过，当你想要从哲学上说通它时，一连串严重的问题就冒出来了。

一个问题与自我正当性有关。经验主义者宣称知道一切知识都来自经验，这引起一个问题："一切知识来自经验"这一知识本身也是来自经验吗？似乎极不可能。什么东西可算是"一切知识来自经验"的经验呢？难以看出经验知识本身怎能证明自己有经验的根据。需要一些对经验主义立场别的合理证明，显然正是这个问题成了杰出的当代经验主义者范·弗拉亚森（Bas C. Van Fraassen，1941—）的研究主题。

另一个问题是，严格的经验主义导致对外部世界存在的怀疑主义。贝克莱（George Berkeley，1685—1753）是这样证明的。经验主义者宣称，一切知识都来自感觉印象。他们还宣称，一切感觉印象都来自外部世界。于是问题来了：假如同意第一个，他们怎么知道第二个是真的呢？为了知道外部世界导致了他们内部的感觉印象，他们就需要一个外部世界的感觉印象来导致他们内部的感觉印象。但这是不可能的。为了对于你自己有感觉印象这件事有感觉印象，你就得站在自己外面了。所以，经验主义没有办法知道他们的感觉印象是不是来自一个外部世界，或在何种程度上感知之面纱扭曲了实在。

考虑到经验主义的这些困难以及其他困难，就不难看出为何奥古斯丁转而追求固有观念说了。固有观念说认为，知识，至少是重要的知识，是从内部来的。它有好几种说法。一种如同康德（1724—1804）那样，认为心灵将秩序和结构强加于粗糙的经验质料上；另一种认为有先天固有的观念。那些设定先天观念的人否定白板说。他们主张，人类并非生而无知。倒是生来就有深植于心灵之上的真理。获得知识并不要求外部世界的经验，而只需对自明真理进行推演。这条进路是柏拉图、奥古斯丁以及后来的笛卡尔采取的。

固有观念说具有吸引力的一个原因是，它能避免所谓“学习悖论”。柏拉图在其对话录《美诺篇》首先提到了该悖论。它旨在显示，若是按经验主义者的“白板”模式，学习乃是不可能的。假如人类是生而无知的，我们就不能认识到正确答案就是对我们问题的正确回答了。简而言之，假如你不知道你在寻问的是什么东西，那么当你找到它时，你又怎么知道找到它了呢？

奥古斯丁在《忏悔录》第 10 卷讨论了这个悖论。他写道：

> 一位妇人点着灯正在找一枚丢失了的硬币。但她若不是记得它，那么就找不着。因为当它被找到时，怎么会知道它就是她在找的东西呢？……若非我们认识找到的东西，是不会说我们找到了丢失了的东西的；我们若非记得它，那么是不能认出它来的。（D186-187）

在这段话里，奥古斯丁表明记忆是如何有助于解决悖论的。假如你在找的东西是你以前曾见过的，那么当你碰到它时，认出它来就毫无问题了。不过问题仍然还有，当人们碰到他们以前见过的一个真理时，是怎么认出它来的呢？

举数学真理为例。在《美诺篇》里，柏拉图显明一个毫无几何知识的小男孩能够解决一个复杂的几何问题。男孩通过他自己的推理发现了所需要的定理。若他以前从不知道该定理，那么他是怎么认出它来的呢？

柏拉图的假设是，我们所谓的“学习”实际上是在回忆我们前生知道的东西。柏拉图将这前生设想成是在灵性上与善的形式共存的。善的形式包含了一切的真理。所以，我们的灵魂在降落到肉身中之前就学到一切了。我们只需要提醒自己。

奥古斯丁声明自己对于前生假设是不可知的。在他看来，玄想灵魂和身体何时及如何结合在一块儿是轻率的。不管怎样，假设一个前生于事无补。倒只是引起问题：我们是如何学习在前生就学过的东西的呢？奥古斯丁发展了一种固有观念说，用来指出学习的终极来源。

神圣的光照

奥古斯丁的固有观念说被称为“神圣光照论”，认为上帝在我们出生之前就已将真理栽种在我们心里，当我们提问并寻找真理时，上帝将它们光照给我们。

奥古斯丁的这一理论，在其类似于《美诺篇》的一个对话录《论教师》里得到了最有力的论证。这部著作的主要目的是展示，尽管教师运用词语来教人，但词语本身却不能使人学到什么。

不过也可另作他想。想象一个很常见的学习场景。一位教师将几段小说情节演示给一位学生，给每段情节都起了名字，并解释其在全剧中的作用。学生学习到了东西，看来是教师的话（词语）教给学生东西了。

但奥古斯丁想否认这点。理由就在于，根据新柏拉图主义，词语是不可能对心灵有影响力的。我们别忘了上章所讲奥古斯丁相信存在大链条的说法，相信下列因果原理：

> 新柏拉图主义因果原理：要使一个事物 X 对另一事物 Y 有因果能力，X 必须要么等于、要么大于 Y。

词语若要对心灵有影响力，就得在存在程度上等于或大于心灵。奥古斯丁在《论教师》里宣称，这显然是错误的。因此，词语对心灵没有因果影响力。

奥古斯丁并未为这一观点进行辩护，因为他的新柏拉图主义已经包含了它。他觉得从经验来看，这是显而易见的。

再来想想学生的例子。在听教师的解释时，这个学生一直在参照自己天生的直觉：她想象在使用的新词，她问她自己："他说的真的有道理吗？"很快就有一个声音在她心里回答说"是的"。奥古斯丁称这个声音为"内在的教师"。

奥古斯丁指出，没有内在的教师，我们就不会知道接受哪些词，拒绝哪些词。他写道：

例如，假如我要问这件事，那么词语根本教不了这件事是否是真的。乍一看，你可能会觉得荒谬，因为你还不能将它作为一个整体来考察。所以，问适于你的听从内在教师的能力的问题就是必要的了。这样，我就会说："你承认我所说的是真理的、你确认的、你肯定自己知道的东西——你是从哪里学到它们的？"也许你会回答说，是我将它们传授给了你。那么，我就要说："我若是说曾见过一个飞人，事情又怎样呢？我的话使你确定如听到'智者好过愚人'时的反应吗？"（A141）

你怎么知道接受"智者好过愚人"这句话，拒绝"飞人存在"这句话？因为下面的真理乃是自明的：好的东西胜过坏的东西，不会飞的东西是不能飞的。词语只能提醒你这些真理，但不能将它们引到你心里。

你可以反驳说，这一分析忽略了"词语是思想的象征"这一事实。在学生那里，看来不是他们老师的话，而是他们老师的思想在她心里导致了知识。一个人的思想能导致产生另一个人心里的知识，这一论点也与新柏拉图主义一致。可以设想，教师的心灵在存在的程度上是平等于或大于学生的心灵的。所以，教师的心灵对学生有因果影响力也是可能的。

奥古斯丁对这一反对意见的反驳，目的是指出采用别人的思想与获得知识是不同的。他写道：

> 教师们认为，被感觉到和掌握的是他们的思想，而不是他们通过讲说所传授的学科吗？毕竟，谁会如此愚蠢地好奇到将自己的儿子送到学校里学习教师脑袋里所想的东西呢？当教师用词语解释他们所教的学科时，甚至是美德和智慧的学科时，那些被称作学生的人实际上都是在自己心里思考老师所教的是否是真理。（A145）

学生如果只是采用他们老师的思想，是什么也学不到的。他们得明白为什么他们老师的思想是真的。

尽管奥古斯丁否认学习是教师将思想内植在学生心里，但这一“内植模式”却仍给他提供了一条重要的线索。

内植模式的问题是，某人心里有一个真理，但这并不能使它成为知识。每个几何学老师都知道，只是让学生记住定理是没什么用的。他们只有灵活运用定理，才能理解它们。假如教师能够将真理内植于学生心里，然后魔术般地激发之，那么他们就真的能使学生如此学习了。不幸的是，人类不具有在别人心里激发起真理来的能力。

不过，上帝却能。依照奥古斯丁的观点，上帝将真理内植于人心，然后将它们照亮显示给我们，这样我们才理解了它们是什么意思。内在教师的声音实际上是上帝的声音。奥古斯丁写道：

> 因为光就是上帝本身，而灵魂是被造的，那么，既然灵魂是理性的和理智的，它就是照着上帝的形象创造的。当它试图凝视光本身时，就因软弱而发抖，发现自己不能这么做。不过，从这光源里出来了，它就能够获得一切的理解力。所以，当它被带走，并且在身体的感官撤退之后，以一种更完善的方式面对着这光时（不是凭一种空间的关系，而是以一种适于其存在的方式）（指灵魂升天后——译者注），它也能看到在它上面的那光本身。正是在这光的照明里，它才能够看到它所看到并理解的万物。（I，II，222）

这就是神圣光照教义。

神圣光照达到了柏拉图回忆论要达到的目的，尽管方式有所不同。奥古斯丁暗示，神圣光照给了人所有的观念，不管这些观念是推理的模式，还是概念的范畴。观念是超越的形式的摹本，柏拉图认为这些形式本身存在于理念世界里。而奥古斯丁则认为它们存在于上帝之心里。

根据所谓数学柏拉图主义的观点，数和几何形状存在于人心之外。奥古斯丁同意这个观点。他写道，尽管我们依赖于身体的感觉来计算世界中的事物，“我们用来计算的基数却不同于这些事物，也不是这些事物的形象，但它们确实存在”（D182）。尽管作为一名柏拉图主义者的奥古斯丁认为数一类的东西存在于人心之外，但他却不敢断定这些实在是独立于心灵的，这是因为他认为它们存在于上帝之心里。

感　　知

对奥古斯丁固有观念说最为有力的反对意见与感知有关。从经验主义的观点来看，不难理解这一事实。相反地，神圣光照论看起来却不能解释它。奥古斯丁常用来显示词语对心灵没有因果影响力的论证，可用来显示物质对象对心灵没有因果影响力。毕竟，物质对象在存在大链条上远远低于心灵。那么，感知是幻觉吗?

奥古斯丁知道，他需要一个复杂的论证来避免这一结论。他努力发展一种对人的阐释，使他可以解释感知。

奥古斯丁对人的阐释是二元论的。二元论认为，每个人都是由身体和灵魂组成的。直到最近，二元论一直是西方思想对人的主流解释。其中一个原因是，基督教似乎需要它：人的灵魂被认为在肉身死后仍然存在。许多当代哲学家已转到某种形式的唯物主义了。与二元论者相反，唯物论者认为人不过是肉体。这样，他们就不能与基督教之死后永生的信念相一致了。为与唯物论相抗衡，基督教哲学家一直在寻求对身心的复合作出充分的解释。

这类二元论都牵涉到一个有名的问题。该问题包含在这么一个问题里：身心是如何互动的？

若作仔细的考虑,问题就变得相当明显。身体是一个物体。若要移动一个物体，你得拉它或推它。所以，若要移动身体，你就得拉它或推它。不过，能够拉或推的唯一的东西是另一个物体。灵魂不是物体。那么,它怎么能拉或推其周围的身体呢？

很容易看出另一个物体是如何与身体互动的。假如一辆车子把你撞倒在地，那么我们能够认识到，甚至度量出你倒下的原因。不过，再假设你自己摔在地上。你的灵魂没有作出推或拉的动作的物理属性，那么它是怎么使得你的身体这么运动的呢？再进一步，你在摔倒时受到的物理打击怎么能引起你灵魂里痛的知觉呢？身体的推或拉怎么能导致灵魂的痛的状态呢？这个问题在当代被称作“身心问题”，它使二元论难以得到辩护。

哲学史上出现过三种主要答案。这里，我们简要地回顾一下，作为理解奥古斯丁身心观的背景。

一种答案只是接受身心的互动，将它当作一种原始的双向因果关系。这种观点被称作“互动论”（interactionism），因为它断言身和心有一种特殊的力量去互动，即使我们对该力量所知无几。

第二种答案是“平行论”（parallelism），它否认身心互动的可能性。它断言，物体只能与物体互动，灵魂只能与灵魂互动。你把自己摔到地上时，看上去是物体互动于灵魂，但实际上灵魂的行动是与身体的行动平行的，二者毫无因果影响。这种观点需要有身心间的所谓“预定和谐”作为前提。与此相似的理论是马勒布朗士（Nicolas Malebranche，1638—1715）提出的“偶因论”（occasionalism，或机会论），认为物理的互动是上帝用来引起心灵变化的偶因。

最后一种答案是“副现象论”（epiphenomenalism），它主张单向的互动：身体对灵魂有因果影响，反过来则不行。不过，副现象论者也同意互动论者的一个观点，就是当你摔出肿块时，是身体导致了你的灵魂感到痛。他们也同意平行论者的一个观点，就是无须假设你的灵魂能够将你的身体摔在地上。如果你的灵魂想让你的身体躺在地上，这只是一个平行现象。

奥古斯丁的新柏拉图主义因果原理排除了所有这三种传统的二元论。它排除了双向互动论和副现象论，因为这两种理论都认为物体对灵魂有因果影响力。而照新柏拉图主义的看法，这是不可能的，因为在存在大链条上灵魂是高于物体的。该原理也排除了平行论，因为平行论认为灵魂不能影响到身体。在新柏拉图主义看来，这是假的，又是因为在存在大链条上灵魂高于物体。

奥古斯丁的新柏拉图主义迫使他寻找第四种答案。该答案在哲学史上是如此罕见，以致于它还没有名字。我们可以称它为“反向副现象论”(reverse-epiphenomenalism)。奥古斯丁说，灵魂对身体有因果影响力，但反过来不行。

奥古斯丁的反向副现象论，在他讨论感知时就显明了。你的眼睛朝向一个对象时，你的灵魂经验到红色，这是如何发生的呢？互动论者和副现象论者会说，红色的对象因果式地影响到眼球，然后眼球因果式地影响到灵魂。这就使得灵魂的作用在感知过程中显得消极了。

奥古斯丁与此不同，他认为，灵魂总是积极的一方。他同意红色的对象影响到了眼球。这是一个物体影响到另一个物体。他否认的是眼球可以影响灵魂。他认为应该反过来，是灵魂一直在激活眼球。激活一只正在看红色物的眼球异于激活一只正在看另一种颜色物体的眼球。正是由于这一差异，灵魂才“感知”到红。

奥古斯丁在其早期著作《论音乐》中提出了其反向副现象论。他写道：

> 身体不能作用于灵魂，但灵魂却在与身体的关系中或在身体中起作用，是上帝使灵魂高于身体并控制它的。控制的难度有大有小，根据身体本性的

抵抗以及灵魂的美德多寡而异。外在的事物只对身体有影响作用，该作用对灵魂的影响或是正面的或是负面的。当灵魂要消除阻碍，发现运用其质料达到自己的目的有困难时，困难只是使它高度紧张，或更敏于行动了。既然如此紧张，它就意识到困难，这种敏感状态被称作“感知”。感知本身被视作疼痛或努力。当灵魂使那属于它的身体与外物相接触（该物与灵魂是和谐一致的）时，该行为就被感知到了，因为一个新的因素进来了，但感知由于和谐，因而是快乐的。（J91）

按照奥古斯丁的观点，一个灵魂之所以注意到它是在感知此物而非彼物，是因为它有自我意识：感知行为在每种具体情形里都是感觉不同的。

奥古斯丁用难易来刻画这一困难。举一个体育锻炼的例子有助于说明这一点。想象就在你今天进行体育锻炼之前不久，有人将一种名为“Z”的药放进了你的饮料。Z药力强劲，它使你整整一小时完全没有意识。当你重新有意识时，你会有五分钟的时间又盲又聋又麻木。Z最令人惊异的地方是，它能引起所有这些效果，但又不会打断受害者的日程。你在不知不觉中喝下Z后，继续毫无察觉地去锻炼。一小时后醒来，去游泳池作蛙泳。你又盲又聋又麻木，不过，却能辨别你是在运动你的身体，知道你是在游泳而非散步。为什么？因为游泳比散步难多了。不仅游泳比散步难多了，它本身还有其个别的困难。也许游泳和跑步对于你是同样地难。不过，因为它们的难是不一样的，你就意识到自己在做什么。进一步假设，你在没有意识时又受了伤。你会在感觉恢复之前就清楚地知道受了伤，因为其中个别的困难你也会经验到。

灵魂通过感知自己的难易从世界获得信息，这听起来是很古怪的。毕竟，很难说看红色比看蓝色要困难或容易。奥古斯丁可能用习惯和期望来解释五官的具体困难。比如，设想你房子的天花板是白色的。每天你仰面醒来都会看到白色。由于你期望着如此，你甚至都不会注意到白色了。它变得最容易不过了。与此相似，当你出门工作，你的眼睛扫过已见过无数次的东西，但你注意的只是新事物。为什么呢？因为它们是相对困难些的。设想你向你的办公室走去，以为它的门像往常一样是黄色的，但发现被涂成蓝色的了。正如奥古斯丁所说，“灵魂要消除阻碍”，由于困难而变得对行为更为注意了。听觉、嗅觉、味觉和触觉也是如此。

在日常经验中也可以找到反向副现象论的一些证明。奥古斯丁对如下事实极感兴趣，就是一个人可以阅读或听人读一整页书，但一个字眼也记不住。字句映到眼里，声音传到耳里，但灵魂却心有旁骛。也许我们可以再举出别的例子。一位旅游者第一次见到珠穆朗玛峰时，景色令他叹为观止。但在山下小镇开旅馆的老板，却对珠峰视若无睹。我们常常会看到，一旦你熟悉了一个景色，它就从你眼前“消失”了。为什么会这样呢？也许是因为它不再刺激灵魂了。

反向副现象论将灵魂说成是身体的操作者，对此的标准反对意见被称为“homunculus objection”（“小人儿”反对意见）。“Homunculus”在拉丁文中意即“小人儿”。反向副现象论认为，你之所以感到你是在游泳，是因为有一个“小人儿”——灵魂——在你里面，是他感到了自己的困难。所以，问题就在于灵魂是怎么感到自己的困难的。看来，我们得在灵魂里设置另一个“小人儿”了，而这个“小人儿”里面又得有个“小人儿”，如此循环往复，以至无穷。

纵观哲学史，由于反向副现象论的流传没有那么广，人们可以怀疑它的问题可能远比刚才举出来的问题要多得多。尽管如此，它仍为奥古斯丁提供了一个答案，用来回答这么一种指责，即他的认识论根本就没有解释感知。

奥古斯丁的本体论证明

对奥古斯丁认识论的另一个明显的反对意见是，它完全依赖于上帝的存在。在当代科学的感知理论里，实际上在任何科学的理论里，谁若用到上帝，谁就会被视为是在搞特殊手段。

上帝帮人抱残补缺，而这些理论漏洞本该一扔了之的。当认识论被视为一门科学时，我们就不该诉之于未经证明的上帝存在的假设了。

奥古斯丁对此抱有同感。在他成年时，他佩服他母亲那样的“单纯的”基督徒，他们委身于上帝而不求证明。像他们一样，他有信仰，但他觉得理性会使信仰更强大。他想要一个强大的基础来支持他的哲学，所以他认为证明上帝存在乃是重要的。

总的来说，固有观念论者和经验主义者在证明上帝存在的进路上颇为不同。经验主义者试图表明外部世界有上帝存在的证据。而固有观念论者却说上帝的存在是自明的。固有观念论的进路被称为“本体论证明”，“本体论”源于希腊文的“存在”（being）一词［译注：“ontology”传统上译为本体论，但更可译为“是论”，来源于希腊文中的“to on（to be）”和“logos（logy）”］。

本体论证明也许是哲学史和神学史上最臭名昭著的证明了。有时，它看起来除了是一场语义学骗局外，什么也不是。过后一看，又似乎是最有说服力的了。该证明最有名的版本出现在安瑟伦（Anselm of Canterbury，1033—1109）的《序言》里。安瑟伦跟奥古斯丁一样，是一名基督教新柏拉图主义者；另一个版本出现于笛卡尔的《第一哲学沉思》。

奥古斯丁的本体论是在《论意志的自由选择》里提出的，论证的出发点很像安瑟伦的。两个人都引用《诗篇》14：1：“愚人在心里说‘没有上帝’”这句话，两人都诉之于存在大链条。此外，两人都给了上帝一个有趣的否定性定义：“不能设想有比他更伟大者。”不过，安瑟伦站在奥古斯丁的肩膀上，对论证的表达更为系统，更接近于证明愚人所说必定是错误的。

奥古斯丁总结自己的证明如下：

> 现在你已同意，假如我证明了某种高于我们心灵的东西的存在，那么你就得承认它就是上帝，只要再没有东西是比之更高的了。我接受你的让步，并且说只要我能证明存在着某种高于我们的东西就足够了。因为假如有某种东西是比真理更优异的，那么它就是上帝。假如没有，那么真理本身就是上帝了。所以不管如何，你都不能否认上帝存在。（H58）

显然，奥古斯丁也给读者留下了一些空当要他们自己去填。

加上奥古斯丁的另外一些说法，我们可以将他的逻辑结构简述如下：

1. 如果我们能够找到优于心灵的某物，就证明了上帝存在，因为要么该物是上帝（不能设想有比之更伟大的事物了），要么有某物比我们找到的更伟大，而这也只会是上帝。

2. 如果有某物是心灵在寻求的，那么它必定优于心灵。

3. 心灵寻求真理。

4．真理优于心灵。

5．真理存在。

6．所以，要么真理是上帝，要么有某物优于真理，则该物就是上帝。

7．所以，上帝存在。

如果这是奥古斯丁的论证，那么它还不太有说服力，因为有许多前提愚人是不会接受的。

安瑟伦版本的证明更有说服力一些。他论证说，如果愚人懂得语言，就必定承认他有一个上帝的观念，也就是无物比之更伟大者。接着，安瑟伦会说，既作为观念存在又在现实中存在的东西，要优于单纯作为观念存在的东西。这样，将上帝想成不存在于现实中，并不就是将上帝设想成其定义应该具备的样子；如果愚人将上帝设想成其定义应该具备的那样子，他就必须将上帝想成是现实地存在的存在者。

对本体论证明的标准的反对意见，对于安瑟伦和奥古斯丁是同样有效的。它首先是由高尼罗（Gaunilo of Marmoutier）提出来的，他是安瑟伦的同时代人。高尼罗表明，人不能仅仅凭着将某物定义为“不能设想有比之更伟大者”就证明某物存在。他要人们想象有一个“福岛”，是所能设想的没有比之更伟大者的岛。显然，如果这个岛要与它的定义相符合，它就得现实地存在，而不仅仅是一个观念。但是，现实中并没有这样的岛。

即便有些当代哲学家仍然信奉某种本体论证明（例如阿尔文·普兰廷哥），但绝大多数的哲学家却拒绝它。奥古斯丁的固有观念说是与上帝存在连在一起的，成也萧何，败也萧何。不过，本体论证明不能证明上帝的存在，这一事实却不能证明它就“败”了。神圣光照说也许仍然是真的。不管它成败与否，都在理智史上作出了重要的贡献。

奥古斯丁对科学的贡献

奥古斯丁虽说反对经验主义，却不拒绝外部世界。大多数的新柏拉图主义者认为，身体和一切自然之物是可憎的监狱。奥古斯丁则相反，对这些东西兴趣盎然，并赞赏它们的美。他是如此地赞叹人体的美，以至于否定一个流行的新柏拉图主义的论点，就是来世的生活是没有身体的羁绊的。他反而坚持认为，上帝将使我们每个人的肉身重返青春，让我们在天国里也披戴着它。奥古斯丁对大自然也叹服不已。他的字里行间洋溢着描述受造物之荣光的段落，看得出来他热情得就像在写赞美诗。

奥古斯丁对自然世界的欣赏使他成了一个敏锐的观察者。在他所有的著作里，他都显得比同时代的学者更为关注大自然的奇观。当你将一条百足虫砍成两段时，每一段都照样活着，好像什么也没发生似的，对此该如何解释呢？为什么有些人可以扭动他们的耳朵，而别的人却不能呢？这样的问题总是令他兴致盎然。

奥古斯丁不是一个科学家。事实上，在晚年，他对科学的进步变得很怀疑和看不起。虽然这样，在早期的著作中，他却以一种有助于将来的科学思想的方式思考过自然世界。

《忏悔录》第 7 卷里有一段可以说明这一点。奥古斯丁年轻时一度钻研过星相学。不过，他想得越多，就越是怀疑。他发现了我们今天可称之为“思想实验”的东西，用圣经中关于双胞胎雅各和以扫的故事来检验星相学的说法。他写道：

> 我开始考虑那些孪生子的情况，他们是前后紧跟着从娘肚子里出来的，相隔的时间很短——不管他们宣称这实际上有多么大的影响——人的观察估计不出来，也就不能将这差别放进图表里让星相家检查，以便说出真相了。也不会有真相，因为任何检查这些图表的人都得预言以扫和雅各将来的命运是一样的，但后来却没有同样的事发生在他们头上。所以星相家要么是做假预言，要么如果做了真预言，却得在同一天宫图里看出不同的东西来。这样，我们又一次看到，他说的真相都只是凭运气得来的，而不是凭着技巧得来的。（D114）

无须我们多说。这个干脆利落的小小论证，即便在今天也是对一个伪科学的顽固学说的有力反驳。现代科学之父培根（Sir Francis Bacon，1561—1626）将视之为“重要实验”的一例或“路标”性的例子。波普（Sir Karl Popper，1902—1994）会视之为他本人划分科学与伪科学的标准预示：可错性以及作出风险预言的能力。

不过，奥古斯丁对科学的最重要贡献却在于他对待真理的态度。批评者认为他的认识论中的神学因素是一种障碍。但也正是这个神学因素鼓励奥古斯丁坚定地委身于客观主义。

思考真理有两种主要的方式。客观主义者认为，真实的命题是对独立于心灵的纯粹实在的报道，而且对每个人来说它们最终都是一样的。假如某人指着一块石头说,“这是一块石头”，那么他说的就是真的，即便别人没有将这个物体经验为石头。假如某人不将这物体经验为一块石头,则该物体必须接受检验，直到可以决定谁是对的；主观主义者与此相反，他们认为真命题是一种意见，是关于世界在命题者眼中呈现的样子的。照主观主义者的看法，对一个人来说“某个物体是石块”是真的，但同时对另一个人来说“这个物体不是石块”也是真的。没有什么检验可以一劳永逸地为大家解决这个问题。客观主义和主观主义是观看世界的两种根本对立的方式。

在今天的某些哲学圈子里,不同版本的主观主义颇为流行。主观主义并不是新玩意儿，如卡尼阿德斯的皮罗怀疑主义就可算作为它的一个类型。不过，我们却大可放心地说，历史上的绝大多数科学家都是这种或那种客观主义者。假如我们总是将所有人的意见一视同仁，就永远也别想发现地球并非宇宙的中心。虽然这样，在一个充满了误导性现象的世界里想要坚持客观主义却仍然是困难的。

奥古斯丁相信，上帝是超乎于现象的实在的。上帝不仅是作为神圣之光的真理的来源，而且还就是真理。这样，奥古斯丁对上帝的虔信马上就转换成了对客观主义的虔信。

在有些地方，奥古斯丁用一种相当色情的紧张感描述真理。例如在《独白篇》里，他写道：

> 现在，我们要发现你是哪种爱智者：你想要凭着至纯的视线和怀抱一望无遮地、赤裸裸地凝望并拥有智慧。但这样的智慧只有极少数的人才可看到，只有那些爱它的人当中最受宠爱的人才能看到。若你因爱某位美妇而热火炽烈，但若她发现你什么都爱，但就是不爱她，她怎不会正当地拒绝委身于你呢？你若不是只为智慧的纯美而燃烧，它又怎会向你裸呈它自己呢？（L，I，372-373）

在别处，他展现了一种低调的，但仍较强硬的客观主义：

我们按照内在的真理准则作出这些判断，对这些判断我们都能知觉到，但没有人能对这些准则本身作出判断。当某人说永恒之物胜过暂时之物，或7加3等于10，没有人说应该如此。我们只是认识到它就是这样，我们就像因为发现了什么而欢欣雀跃的探险者，而不像要把事物摆正的检查者。（H54）

奥古斯丁对真理的尊敬，以及他的这么一种说法——即使希望渺茫，我们也应追寻真理，在塑造中世纪及其后的智识史中起了重要作用。

4

On Augustine —— 内在的人

人们常说，是奥古斯丁发明了“内在的人”。我们可以从两个层面理解这种说法。首先，可以从风格的层面来理解。奥古斯丁经常写到自己的经验，深入揭露关于他自己的一些事实——他以前的作家是没有敢揭露这些事实的；其次，我们可以从哲学的层面来理解，这与他对记忆概念的前无古人的用法有关。我们已经看到，奥古斯丁同意固有观念说的论点，就是知识是记忆中的，而非获得的。不过，在探索记忆概念以及运用它来解决诸多哲学难题上，他却比绝大多数固有观念论者走得更远。

三位一体

有时候哲学观念来自最古怪的地方。奥古斯丁的记忆概念出自他对“三位一体”教义的冥思。要理解为何记忆成了他心灵哲学的核心概念，就得理解其神学语境。

“三位一体”教义认为，虽然只有一个上帝，上帝却有三个位格：圣父、圣子、圣灵。这是一个困难的神学教义，《圣经》从来没有明晰地表述过它。基督徒为了这三个位格是如何彼此相关的问题已争论了许多年。争论最终在公元 381 年的尼西亚大会上止息。尼西亚大会宣布，基督徒既不应该把上帝设想成三，也不应该设想成一，而只能设想成三在一中（Three-in-One）。

尽管尼西亚大会平息了争议，却没有解决问题。说某物是三在一中，这是什么意思呢？386 年奥古斯丁刚刚皈依基督教，发现自己对这个问题就很困惑。基督教教会亟须一位神学家来令人信服地解释该教义。奥古斯丁在 396 年成为主教后，这就成了摆在他面前的一项任务。

虽然奥古斯丁觉得这个任务太过沉重，但有时会在字里行间冒出灵感的火花来。《圣经》说了，人是照着上帝的形象造的。我们想要理解上帝，但是没有直接的通道可走。所以，为什么不转而研究这个形象呢？奥古斯丁领悟到，人的灵魂就是一个“三位一体”。他以为，通过研究人灵魂中的“三位一体”，他就能更好地理解上帝的"三位一体"。在《忏悔录》第15卷，这个想法萌芽了。他写道：

> 我希望人们对自身的三个方面思索一下。……我所说的三个方面是：存在、知识和意志。我存在，我认识，我愿意：我是一个认识着、愿意着的存在，我认识到我存在和我愿意，我愿意存在和认识。三者之中有一个不可分的生命。一个生命、一个心灵、一个本质，三者要引起分离是不可能的，但这三者仍是有分别的。愿能看出这点的人看到这点。不管如何，这一事实就在他自身之中。愿他仔细审查自己，然后告诉我。（D266-267）

奥古斯丁设想，灵魂的这三个方面——存在、知识和意志，类似于上帝的三个位格——圣父、圣子、圣灵。

这个想法很快就在题名为《论三位一体》的一书里变得很成熟了。该书的前半部分充满了《圣经》释经学和毫无节制的神学，后半部分则将"三位一体"模式应用于其心灵哲学。

从严格的哲学观点来说，整个计划都是颇为令人失望的。奥古斯丁对心灵的"三位一体"式的解释，有时看起来更像是绝望地试图让基督教教义有点合理性，而不像是对一个哲学领域的精心探索。对于不抱同情的读者来说，这不过是在兜圈子而已。

尽管如此，奥古斯丁却正是在将心灵当作一个“三位一体”来加以思考时，才发展出了对记忆的富有成效的分析。在《忏悔录》里，他将灵魂的三个方面刻画为存在、知识和意志。在《论三位一体》里，这些范畴慢慢地变成了记忆、理解和爱。爱（或意志）被类比成圣灵，因为圣灵的角色就是联系人类；理解（或知识）被类比成圣子，因为圣子的角色是让真理向人显示。但为何用记忆来类比圣父呢？圣父的角色是创造并维持存在。到底是什么在灵魂层面上扮演这一角色呢？奥古斯丁的答案是记忆。我们之作为人类的存在本身是发源于记忆，并以记忆为滋养的。

奥古斯丁用来表明记忆在人类存在中核心性的例子数目众多，这里不便一一列举。下面，我们来看看他举的三个最富有含义的例子。

潜 意 识

第一个例子在数百年之后才开花结果，此时仍只是一颗种子。

当代哲学家们所发现的一个难以解释，但不可否认的心灵层面是潜意识。潜意识所包含的心智活动范围是人类具有，但却完全没有意识到的。想想有这么一个女人，她每天都发誓对自己没有孩子绝不感到遗憾，但每天晚上都梦见自己成了母亲。有人会说，这个女人在内心深处知道自己所作的决定是错误的。不过，出于某些原因，她的显意识拒绝承认这点。再想象你看到这个女人在玩具店里买东西。假如你问她为何在这里，她会给你一个借口，显得与她做母亲的秘密愿望毫无关系。潜意识是令人困惑的，因为心灵看起来认识某事，但同时又不知道它知道这事。

当然了，关于潜意识的最有名的理论家是弗洛伊德（Sigmund Freud，1856—1939）。弗洛伊德相信，每个人都有秘密的幻想，这些幻想本质上常常是极为性感或狂暴的。在他看来，古典文学里许多戏剧性的主题，实际上是人们难以否认的、他们都拥有的潜意识欲望。在希腊戏剧《俄狄浦斯王》里，故事主人公在不知道的情况下杀了自己的父亲，娶了自己的母亲。弗洛伊德假设，许多男人在内心深处都仇视其父亲，对母亲则有着性的感觉。他将这称作“俄狄浦斯情结”。在健康的个体那里，心灵强大到足以将这样的潜在欲望压抑下去。但如果心灵不够强大，个体就会变得神经质，开始表现出反社会的行为。弗洛伊德发展出一套心理分析技巧，帮助这样的个体重获心智平衡。

弗洛伊德和奥古斯丁之间的联系是不可否认的。

首先，两个人在心灵分裂结构的观念上都依赖于柏拉图。

其次，奥古斯丁本人就是俄狄浦斯情结的一个例子。他与父亲的关系是相当节制的。奥古斯丁对于死者常常是落泪哀悼、痛哭不已的，甚至对他从未见过的人也是如此，但他对自己父亲的死去只是一笔提过，这怎不令人感到惊异呢？同时，他和母亲的关系却令人关注。《忏悔录》的弗洛伊德式的读者就常常引用书中的某些段落，即奥古斯丁透露出母亲莫尼卡对自己有着一种“过分属世的亲情”的地方（D77）。

最后，也是最重要的，奥古斯丁在《论三位一体》里发现了潜意识。他写道：

> 这告诉我们，在心灵的深处有着对各种事物的各样意识。在被想到时，它们就多少在公开场合亮相，在心灵的视野里变得愈加清晰了。正是在这时，心灵发现自己记得、理解并爱某物，这本是它在想着别的事物时没有想到的。但是，假如该物我们已很久没有想过，除非得到提醒，否则不能够想到，那么天知道在何种古怪的意义上它是我们不知道自己本知道的某个东西。至少提醒者对被提醒者这么说是正确的：“你知道这个，但你不知道你知道它。我要提醒你，你就会发现自己知道你本以为不知道的东西了。”显然，文学执行着这一功能。当它涉及读者在理性的引导下发现为真的事物，而不只是相信作者所说它们是真的，就像在读历史时那

样，读者是在和作者一道发现它们是真的，他们或者是在自己之中，或者是在那引导着他们的真理本身之中发现这个的。（译注：奥古斯丁认为，宗教真理和科学真理都是读者可凭自身理性理解的，但历史知识只能凭相信权威得到。）但若有人即使得到提醒而关注这些事物，也不能够看到它们，那么就是陷在心灵的盲目之中，陷在愚昧的黑暗深处，并需要来自上帝的特别帮助，使之能够获得真智慧了。（K，I/5，377）

假如奥古斯丁像弗洛伊德一样是个无神论者，那么他很可能发明精神分析法。但既然他不是，他就依靠着上帝，以为潜意识只是人类记忆的另一个面相而已。

值得注意的是，在奥古斯丁和弗洛伊德之间拣起潜意识观念的思想家寥寥可数。即便像笛卡尔这样的固有观念论者，也固执地认为心灵的活动对自己乃是透明的。

心智的语言

奥古斯丁用来维护记忆的核心地位的另一个领域是语言哲学。奥古斯丁的语言哲学尽管是强有力的，但也是简朴的。它强有力到足以吸引新近最有名的语言哲学家维特根斯坦（Ludwig Wittgenstein，1889—1951）。在《哲学研究》里，维特根斯坦引用了奥古斯丁两次。之所以他是如此引人注目，是因为《哲学研究》极少提到别的哲学家，引用更是将近没有。

下面就是《哲学研究》开篇中所引用的《忏悔录》第1卷的内容：

> 听到别人指称一件东西，或看到别人随着某一种声音做某一种动作，我便记下来：我记住了这东西叫什么，要指那件东西时，便发出那种声音。从别人的动作了解别人的意愿，这是各民族的自然语言：用面上的表情、用目光和其他肢体的顾盼动作、用声音来表达内心的情感，或为要求，或为保留，或是拒绝，或是逃避。这样一再听到那些语言，按各种语句中的先后次序，我逐渐理解它们的意义，便勉强鼓动唇舌，借以表达我的意愿。（D9，引用周士良译本）

在这段话里，奥古斯丁表达了指称定义（ostensive definition）的观念——通过指称而建立起一个词的意义。

奥古斯丁的语言哲学严重地依赖于指称定义的观念。在他看来，词语指称世界中的物体。也就是说，词语是这样的符号，它们只有在被理解为代表独立地存在于它们之外的物体时，才是有意义的。语言行为依赖于词语或象征领域与事物领域的一种直接对应。

这种理论看似合理。显然，很容易举出例子来支持它。我们常用闪光的卡片和图画书来教孩子们怎么说、读、写。看来，在语言的获得中，运用指称定义是很关键的。

但是维特根斯坦反对奥古斯丁的理论。相反地，他论证语言行为是一种类似于玩游戏那样的“生活形式”。重要的是，人们知道怎么做出正确的行为。行为是自足的，它并不指向外在的某物。在维特根斯坦看来，一个词的意义并不是来自于它的所指，而是来自于它被以一种特定的方式使用着。

这是一种颇有挑衅性的说法。要成为一个娴熟的讲英语者，你必须知道“猪”的哪种用法是恰当的，哪种是不恰当的。我们可以想象，即使没有“猪”这个词所指的实物存在，我们也能进行关于“猪”的全面谈话。实际上，许多人认为，我们在谈论“上帝”时就是如此。宗教语言是一种生活形式，并没有涉及它自身之外的某个东西。也许同样的情况对所有的词语最终都是真的。毕竟，在某些反实在论者或主观主义者看来，像石头和猪这样的事物是不是真的存在或其本质为何，我们并不是完全清楚的。即便我们知道怎么谈论它们，情况也仍旧如此。假如我们的语言行为不是别的，而只是一场自足的游戏，那么指称定义就只是游戏中的另一步棋而已，它并不指称游戏自身之外的某个东西。

在《哲学研究》第 32 节，维特根斯坦想要反驳奥古斯丁的指称理论，其根据是，要是像奥古斯丁所描述的那样学会语言，人就得已经知道一门语言了。

维特根斯坦的观点可以描述如下：假设经验主义者是正确的，人生来就是白板一块，想象在这样的条件下，你试图教会某个孩子“走”这个词。你指着某个正在走路的人,并说“走”，你怎么设想孩子通过你指着手指，就知道了你是在指你的手指之外的某事物呢？要跟得上你，孩子就得心里已有某物，就是一个概念（“走”的概念），该物需要一个名称。

对维特根斯坦而言，这证明了语言指称理论的失败。在他看来，当我们学习语言时，并不是早已在心里有一套概念。所以，我们并不能通过将一个词与其概念连接起来来学习一种语言。维特根斯坦暗示，一个人可以运用指称定义来学习一门第二语言。假如你已经知道“ambulare”这个拉丁词，那么你就能通过将“walk”这个英语词与你心里已经有的拉丁词“ambulare”连接起来而学习到它。不过，根据维特根斯坦，我们却不能将这当作一种普遍的语言理论。

奥古斯丁可以比大多数人所想象的更容易反驳维特根斯坦的批评，来维护自己的观点。

首先，他很清楚，指称定义依赖于注意到声音和面部表情等组成“各民族的自然语言”的东西（D9）。这种整体主义不会走得像维特根斯坦的“生活形式”那么远，但却不像某些批评者所设想的那么贫乏。

其次，奥古斯丁否认经验主义的这么一个论点，即人类生来就是白板一块。人类是生来就具备充满了先天观念的心灵的。奥古斯丁举“幸福”为例。每个孩子心里都有一个“幸福”的概念，它只是需要一个名称。

最后，奥古斯丁可以承认，指称定义等于学习一门第二语言，但此前早已有的一门第一语言就是由内在的思想词语构成的心智语言了。他在许多地方暗示了这一点，但表达得最明显的是在《论三位一体》第 9 卷讨论记忆时。他写道：

> 凭着这一形式，我们构造出关于事物的真知。它们是一种词语，我们早已通过内在地言说而产生了它们。它们一旦产生，就不会离开我们。当我们对别人说话，我们就将内居的词语通过声音或身体姿势表达出来，这样就可以借助一种可感的提醒物，使得同样的事物也发生在听者的心里，它们本来早已存在于，且不离开于他们的心灵了。所以，我们用来对人们的行为表达赞同或不赞同的言行，没有一种不是早已用内心说出的词语预备好的了。没有人愿意做他事先没有在心里作为一个词已说出来的事情。（K，I/5，277-278）

内在之人的词语形成了理解世界并与之互动的基础。

不过，我们却不要走得太远，说奥古斯丁认为尽管不同的语言之间存在差异，尽管所谓“表层语法”（surface grammar）之间存在差异，但人类却有一种共同的“深层语法”。假如这种说法是对的，我们就可将奥古斯丁视为生成语言论（the innatist theory of language）的先驱了。生成语言论经过威廉（William of Ockham，1285—1349），在今天与乔姆斯基（Noam Chomsky，1928—）连在一起。生成论者认为，学习就是将口说的和书写的词语与内在的词语连结起来。这些内在的词语形成了人类共有的一种语言，有时它被称作“心语”（mentalese）。

时　间

除了潜意识和心智语言，奥古斯丁还运用记忆概念发展了一种独特的时间理论。该理论主要出现在《忏悔录》第 11 卷和《上帝之城》第 9 卷。

奥古斯丁进行时间探索的主要动机来自于理解《创世记》开篇所说的“起初……”假如上帝是永恒的，因而是没有开端的，那么“起初”对他意味着什么呢？还有，上帝在创世之前做些什么呢？

当人们面临上帝存在的宇宙论证明时，这些问题就变得格外敏感。宇宙论证明认为，第一因原理表明世界必定有一个在时间上先于它的原因，这个原因必定是上帝。

这种证明的问题是，它说不清楚为何不能将第一因原理也用到上帝身上。为什么上帝就不能有一个时间在先的必然原因呢？这种证明的辩护者回答说，上帝是无因的。唯有上帝才是第一因原理的例外，这是因为唯有他才永恒地存在。不幸的是，这个答复只是引起另一个问题：假如第一因原理允许有一个例外，为什么就不能允许世界本身代替上帝成为无因而永恒的事物呢？

宇宙论证明由奥古斯丁之后的阿奎那（Thomas Aquinas，1224—1274）作了著名的陈述。尽管如此，该证明的核心观念及隐含的宇宙论问题却至少如亚里士多德一样古老，并且曾经通过新柏拉图主义思想家传到奥古斯丁那里。

奥古斯丁研究时间的另一个动机来自于环绕着该概念的奥秘。大家想想西班牙作家佩雷兹－雷维特（Arturo Perez-Reverte）的小说《佛兰德斯面板》（*The Flanders Panel*）里的话：

> “我现在正在写着的句子，就是你现在正在阅读的句子。”（170）

你应该如何理解这个句子中的“现在”呢？它指的是什么

呢？根据奥古斯丁的语言理论，它必定是指某物，该物要么横跨某个时间，要么没有横跨。假如它横跨某个时间，那么就有这样一些时间，其时并非所有的现在都是现在。假如它并不横跨任何时间，那么它就不存在。但这样一来，“现在”既然无所指，也就没有意义了。

奥古斯丁毫不犹豫地承认他被这样的悖论搞糊涂了。这使他写出了他最著名的句子，这个句子在哲学史上频频地被人引用：“时间是什么？如果没有人问我，我很清楚。如果有人问，当我想向他解释时，却茫然不知了。”（D219）

尽管感到颇为困惑，奥古斯丁却试图回答“上帝在创世之前做什么”这个问题。他的幽默感使他考虑这么一个答案，但又拒绝之：“他正在为那些深窥上帝奥秘者准备地狱。”（D218）他本人的解答是质问这个问题的有效性。时间是运动的度量。创世之前并没有运动，所以创世之前并没有时间。假如创世之前没有时间，那么“上帝在创世之前做什么”这个问题就是个假问题。并没有一个上帝在那时做出某些行为的“以前”。上帝并不是活在时间里，而是活在永恒里。永恒是一种延展的形式，是没有变化的。

这种回答问题的方式令奥古斯丁坚持这么一种论点，即时间并不是实在的必要特征，而只是受造界的一个偶然特征。为了理解奥古斯丁是如何使这个论点合理化的，我们需要详细地考察他的观点。

在时间的本质问题上，可以采取两种立场，一为实在论；一为反实在论。

实在论者坚持时间是一种客观的、永恒的存在。该存在是独立于人心对时间的实际感知的。实在论者的经典人物是牛顿（Sir Isaac Newton，1642—1727），他视时空为一个多层面的容器，一切的实在都位于其中。还有一些实在论者包括柏拉图和爱因斯坦（Albert Einstein，1879—1955）。在柏拉图的创世神话《蒂迈欧篇》里，我们可以找到这样著名的段落：

> 他（创造者）想为永恒创造某种可变的形象，并且在创造井然有序的天堂时，创造了按数而动的一个永恒形象，我们名之为“时间”。（37d6，引自 M4）

爱因斯坦则是这么说的：

> 通过用“我手表的小指针的位置”来代替“时间”而重新定义“时间”，似乎克服所有的困难就是可能的了。（M7）

这两种观点唯一明显的差别是，在柏拉图那里，时间是绝对的（任何地方都是一样的），是用天体的运动来度量的。而在爱因斯坦那里，时间是相对于感知者的，其度量是地方性的。

奥古斯丁缺乏实在论。与柏拉图的观点相反，他指出，假如天体运动凝固了、慢下来或停止了，我们仍然得要度量时间（D225—226）。事实上，除了通过一种内在的时间感，我们怎么能记录天体运动的变化呢？与爱因斯坦相反，我们也可以想象奥古斯丁会争论说，即便我们所有的时钟都坏了，我们也仍要感性地度量时间的流逝。当然，奥古斯丁可以用《圣经》来支持他的观点。毕竟，约书亚曾经让太阳停在空中不动。

奥古斯丁的反实在论是从对时间的三个“部分”，即过去、现在、将来的分析开始的。他写道：

> 但过去和将来这两个时间，既然过去已不再有，将来仍然未有，怎么能够存在呢？一方面，假如现在总是现在的，从未落入过去，它就根本不会是时间，而是永恒了。但假如现在由于落入过去而是唯一的时间，我们又怎么能说它现在存在呢？它存在，只是因为它将停止存在。这样，我们就可以断言，时间只是由于趋向于非存在才存在。（D219）

奥古斯丁推理说，任何存在着的事物，其各个适当的部分都必须是存在的。时间的适当部分是过去、现在和将来，但它们没有一个是存在着的东西，所以时间并不是一个存在着的东西。

为了支持其反实在论，奥古斯丁试图证明现在是没有延续的。我们常说“现在是21世纪”这样的话，这听起来像是有延续的。奥古斯丁却问,“现在”可否指一个100年的时间跨度?但这是不可能的，首先是因为在这100年里，剩下的99年仍然是将来的。将这一论证运用于一年、一月、一日、一小时或一秒时都是一样的，结论也是一样的。这样，将来还没有存在，过去已不再存在，甚至现在也只有一个稍纵即逝的实在。

不过，在否认时间有一种客观的、永恒的存在时，奥古斯丁却没有像佛教徒或麦克塔迦（J.M.E.McTaggart，1866—1925）这样的哲学家那样否认时间的实在性。奥古斯丁是一个内在论者(internalist)。对他来说,时间是内在于人的一个特征:时间是灵魂在度量运动和变化。尽管时间并不存在于心灵之外，但作为记忆或期望存在于心灵之内。一个人对于童年的记忆是现在有的，正如他对于明天太阳升起的期望也是现在有的。奥古斯丁写道:

> 现在清楚了，将来和过去实际上都不存在。说有三个时间，即过去、现在和将来，也是不正确的。也许这么说更正确一些：有三个时间，过去之物的现在、现在之物的现在、将来之物的现在，因为这三物都存在于心灵里，而不存在于别处：过去之物的现在是记忆，现在之物的现在是注意，将来之物的现在是期望。(D223)

尽管该观点的结论是时间三态没有一个是有客观存在的，但奥古斯丁却表明了，他并不反对我们遵守习惯来继续谈说过去、现在和将来。

奥古斯丁断言，时间不是别的，而只是灵魂在度量运动和变化。不过，他却不能否认我们也度量时间本身。那么，我们是在度量什么呢？奥古斯丁在《忏悔录》第 11 卷第 26 节和第 27 节碰到了这个问题。他在那里宣称，心灵之度量时间是通过度量和照亮存在于现在并有长度的记忆和期盼进行的。既然找不到任何独立于心灵的时间尺度，他就只好说时间是心灵自身的一种“伸展”了。他写道：

> 我的心灵啊，我是在你里面度量时间。……事物经过时，在你里面留下印象，事物过去了而印象却留着，我是度量现在的印象，而不是度量促起印象而已经过去的实质。我度量时间的时候，是在度量印象。为此，或印象即是时间，或我所度量的并非时间。……但将来尚未存在，怎样会减少消耗呢？过去已经不存在，怎样会增加呢？这是由于人的思想工作有三个阶段，即期望、注意与记忆。所期望的东西通过注意进入记忆。谁否定将来尚未存在？但对将来的期望已经存在心中。……因此，并非将来时间长，将来尚未存在，所谓将来长是对将来的长期等待……（D229-230，引用周士良译本）

奥古斯丁的证明是围绕心灵的伸展或“延伸”进行的。

心灵的伸展是什么？显然,奥古斯丁将该活动视为接近(理解)上帝的捷径之一。心灵由伸展自身、考虑过去和将来的这个无长度的“现在”，可以成为我们暂时的存在和上帝永恒、无时间的存在的交汇点。奥古斯丁暗示，一个能够足够地伸展自己、照亮所有过去和将来的心灵，是会拥有所有时间的知识的。这不会是永恒的知识，但却是人类所能达到的最接近上帝的知识。

尽管有其神秘性，奥古斯丁的理论却不断地引来了严肃的关注。最有名的例子也许是德国现象学家胡塞尔（Edmund Husserl，1859—1938）所写的《内在时间意识现象学》。在这本书里，胡塞尔不仅将《忏悔录》第9卷说成是关于时间问题的必读书目，还骄傲地说自己是在继承奥古斯丁的内在论传统。美国心理学家和哲学家詹姆士（William James，1842—1910）是另一个内在论者。(有兴趣于比较研究的读者可以参读伊娃·布兰恩的《那么，什么是时间呢？》。该书对奥古斯丁和胡塞尔作了比较研究，还涉及许多别的理论家关于时间的看法，其中包括柏拉图、亚里士多德、柏罗丁、牛顿、莱布尼茨、康德、黑格尔、柏格森、爱因斯坦和海德格尔。)

对奥古斯丁说法的一个批判认为，它是循环论证。奥古斯丁断言，时间不是别的，而只是思想，然后又断言，思想可以是长的，也可以是短的。假如不用时间，那么我们怎么能度量一个思想的长短呢？奥古斯丁要么是在用流逝的时间观念去解释时间，但这样一来，他的解释就是循环论证的，要么需要另外的尺度来衡量思想，但这样一来，我们就会陷入无穷倒退。之所以有这个两难困境，是因为存在着标准问题。这本来是奥古斯丁在反驳学园派怀疑主义者时所擅长的。具有反讽意味的是，它现在反过来困扰他自己的时间理论了。

另一个批判来自康德和维特根斯坦，只不过两人的形式稍有不同。两人都认为，奥古斯丁是在问一个他自认为要回答，但实际上并无答案的问题。

康德关于时间本性的观点在此难以尽述。不过，我们可以说，在其《纯粹理性批判》名为“纯粹理性的对立命题”那部分，康德的论证是当我们试图思索诸如永恒或时间的开端（或上帝等）这样的概念时，我们就变得困惑不解了，这种困惑是无法消除的。奥古斯丁的错误在于试图思索时间，仿佛它们是日常的物质概念似的。

当代哲学家迦尔（Richard Gale，1932—）有着相关的看法。在他的《时间哲学》导论里，迦尔指出，没有人会问“黄颜色是什么”，原因就在于很容易给黄颜色一个指称定义。假如由于某个原因，我们不能够指出一个黄颜色的例子，传达“黄颜色”这个词的意义就几乎是不可能的。（说黄颜色之波长处于575 毫微米和 585 毫微米之间不解决问题，因为这对不知道黄颜色看上去是什么样子的人毫无帮助。）时间的问题是我们不能提供一个指称定义。我们所能指着的物体，比如天体的运动和时钟，并不能构成时间本身。时间本身并不是你能指着的某物。这样，假如我们能找到一个时间定义，看来就应是一个非指称的定义了。构造非指称定义的困难，甚至是为熟悉的、甚至人人都懂的概念构造一个非指称定义的困难，使奥古斯丁来质问他的时间之问的前景。

当然，奥古斯丁将时间等同于记忆和期望，原因显然是他拒绝放弃寻找时间的指称定义。这种想法具有反讽性，因为在他的神正论里，“恶”一词并不指称任何确切的存在物。

维特根斯坦会同意康德和迦尔的观点，说奥古斯丁被自己的语言哲学误导了，被“时间是什么”和“果实是什么”的语法上的相似性误导了。我们以为它们是可用同样方式回答的问题，但它们并不是。在维特根斯坦看来，我们知道如何使用相关的词和概念就够了。显然，奥古斯丁承认，他知道怎么使用时间概念及其相关词。根据维特根斯坦，任何进一步的追问都只是语法上的混淆(《哲学研究》,第 89—90 节),或者“语言的空转”。奥古斯丁的错误在于试图将与空间度量有关的语言运用于时间的度量。维特根斯坦指责奥古斯丁忘记了词语可以是模棱两可、充满歧义的（《蓝皮书》，第 26—27 节）。

这样，维特根斯坦就会让我们取消奥古斯丁的问题，而不是解决该问题了。这种取消是通过注意语法而来的一种治疗。不过，康德可能早就预见到了，维特根斯坦进路的问题乃是困惑永不会消除。奥古斯丁为时间的本质及追问时间本质时冒出来的问题所困扰，他是正当的。他解决问题的尝试尽管疑问百出，但不能被当作无用而打发掉。

5

On Augustine —————— **伦理和政治理论**

政治理论家分为两类。政治乐观主义者相信，好的政府可以改进人类的条件。政治悲观主义者则否认政府对人类有正面的作用。在现代，美国的杰弗逊（Thomas Jefferson，1743—1826）和罗尔斯（John Rawls，1921—2002）是乐观主义的典范，而无政府主义者和极端自由主义者则是政治悲观主义者。

柏拉图和亚里士多德是古代政治乐观主义的典范。在其《理想国》一书里，柏拉图认为用上下等级的秩序来组织社会，人类就可以获得正义。他详细地描述了这一等级制，并且解释了为何他认为这将改进人类的条件；在其《政治学》里，亚里士多德则批判了形形色色的理论，包括柏拉图的理论，推进了他自己的理想社会的蓝图。他认为，正义可以通过民主来获得。柏拉图和亚里士多德两人在活着时都曾做过真正的政治家的顾问。他们相信，政治可以使地球上的生命产生重大的差别。

与之相反，奥古斯丁却是一个政治悲观主义者。他从未试图论证一种理想的政府形式好过另一种形式，因为他确信它们只是一样地坏。在这个意义上，可以说奥古斯丁对于政治理论的建设性贡献是寥寥无几的。

不过，奥古斯丁却为政治悲观主义本身提出了一种广泛的论证。可以说，他发展了一种“超理论”，用来显示政治在宇宙中的适当位置。这种超理论严重地依赖于他的伦理理论，在西方历史的塑造中有着深远的影响。

上帝之城，人间之城

奥古斯丁之迈向政治，深受其在罗马帝国衰落期的生活经验的影响。基督教教会当初是以一场小规模的反文化运动的面目出现的，现在却逐渐地获得了权力。而同时，国家却慢慢地在崩溃。罗马帝国的人民习惯于称罗马为“永恒之城”，它是庞大而雄伟的，没有人愿意相信它处在崩溃的边缘。

一个主要的问题是宗教冲突。罗马帝国里面住着大量的基督徒和异教徒，他们是相左的。在公元后的头三个世纪里，异教徒控制着政府，他们视基督徒为威胁，总是迫害他们。不过，他们却远不能使基督教消失。在君士坦丁大帝皈依公教后，基督教赢得了上层社会。394 年，异教崇拜成了非法的。不过，异教徒和基督徒之间持续的仇恨却侵蚀着帝国的日常事务，并削弱着它。

蛮族于 410 年首次洗劫了罗马。关于他们在“永恒之城”所犯暴行的消息很快传遍帝国。异教徒将这视为对他们诸神的新近一连串攻击的最后一击。他们埋怨基督徒。而绝大多数的基督徒则本是盼望进入黄金时代的。现在，他们在问：“为什么上帝会允许这事发生呢？”

奥古斯丁写了卷帙浩繁的《上帝之城》来回答罗马之劫。他想要表明，为什么罗马帝国的衰落不是基督徒的错，并证明罗马的毁灭是上帝计划的一部分。这本书的中心论点是，上帝通过人类历史的艰难困苦来启示自己的正义。

上帝通过罗马的毁灭启示了什么呢？人类不应该将信仰寄托于此世之物。基督徒将帝国的皈依视为一场胜利是错误的。你不能通过政治来达到灵性的目标。

奥古斯丁的地位有助于作出这一证明，因为作为一个主教，他对罗马与基督教的联盟所带来的后果有着切身的感受。一旦一个宗教变成了官方宗教，就会出现假皈依的问题——有人皈依是为了逃避迫害，有人皈依是为了得到官方宗教的好处。奥古斯丁体会到，假皈依远远坏过不皈依。

令奥古斯丁着急的不只是假皈依的异教徒，还有假皈依的多纳图派。多纳图派是以其四世纪的北非创立者多纳图（Donatus）命名的，是一个很大的基督教分裂派。与摩尼教和贝拉基派不同，多纳图派和公教在教义上并没有什么很大的争端。相反，他们是清教徒——他们只是希望公教徒更为严格地活出其理想来。

多纳图派教义发端于罗马帝国迫害基督徒之时。在大清洗中，拒绝放弃自己信仰的公教主教和教士常常被拷打和杀害。尽管许多人从容就义，成为殉道者，但另外一些人却屈服于压力，宣布放弃其信仰。但当大清洗时代一结束，他们又希望能够重归教会。

多纳图派不想重新接纳这些弃过教的人。他们宣称，凡是从背教者那里受洗的，都不算真正地受洗。他们还发起各种暴力行动反对背教者及其保卫者。奥古斯丁倾向于宽恕和重新接纳背教者，也因此受到威胁，一度差一点受到愤怒的多纳图派的伏击。奥古斯丁逐渐相信，多纳图派不是真正的基督徒，因为他们弃绝了基督教宽恕的价值。

在 405 年，多纳图派被禁教。当然，禁止异端并非新事：以前就有异端，这些异端就被禁止过。不过，使得这次禁教不同的是，它乃是由国家实施的。强迫多纳图派回到教会的是法律权威，而不仅仅是宗教权威。

帝国压迫异教和基督教分裂派的后果之一，就是教会里充满了伪信徒——本不是公教徒但宣称自己是，好逃避歧视、罚款、监禁，或更糟糕的惩罚。教会和国家的结盟导致了公教精神明显的缺乏。

谁是真正的信徒呢？奥古斯丁打量着他日渐增多的聚会者的脸孔，看到的只是一团混合物。他知道他们之中少数人是真信徒，大部分却不是。他还知道，他永远也不能确切地肯定哪一个教徒属于哪一类。

这一情形——生活在一个人们表面上看起来都是公教徒，但骨子里却大为不同的世界里——使奥古斯丁发展出了主导他的政治思想的著名概念。人类并不形成一个单一的、统一的共同体。相反地，倒是由两种根本不同的人——真信者和不信者组成的。

奥古斯丁借用一个生动的形象使他的概念变得非常明确了。真信者和不信者形成了地上不可见的两个城，每个城都有其定命。他写道：

> 我将人类分为两支：一支构成了照着人的标准生活的，一支构成了照着上帝的意志生活的。我还称这两类人为两个城，这是形象的说法。我用“两个城”来指两个人类社会，一个被预定了要与上帝一同统治，直到永远；一个注定了要与恶魔在一起，历经永远惩罚。（C595）

人类有一样东西是共有的：我们没有一个人是配得上与上帝共同统治，直到永远的。虽然如此，但由于上帝选择了我们之中的一些人得享此福，而另一些人却未被选上，我们就被永远地分开了。我们中有一些人住进了上帝之城；另一些则住进了人间之城。

罗马象征着人间之城，奥古斯丁亦称之为“尘世之城”。他写道：

> 尘世之城不会长久，因为当它被定为受最终的惩罚时，它就不再是一座城。在此世，它有它的好，带着可从这类事物中得到的欢乐，高兴地加入它。既然这种好对那些迷恋它的人并非毫无阻碍就可获得，尘世之城于是就由于诉讼、战争、打斗，以及带来死亡或注定死亡的对胜利的追求，而变得四分五裂了。（C599）

奥古斯丁并不是用“人间之城”来指罗马或任何真实的城市，而是形象地指那些不是真信上帝者的心灵的不足状态、腐败堕落的存在。

公教会象征着上帝之城，它不能在此世完全实现，只能发生在天堂里。奥古斯丁写道：

> 在这里，那圣城本身就是一个福祉，低一级的不会嫉妒高一级的，正如别的天使不会嫉妒大天使。没有人希望成为本没有让他成为的东西，但他会至为贴近地贴近他本该成为的东西，正如在身体里手指不希望成为眼睛那样，因为这两个器官都被包含在整个身体的和谐一致的组织里了。(C1088)

奥古斯丁断言，这一和谐只是不完善地反映在公教会及其等级制里。“上帝之城”并非是用来指称任何实际的建制，而是用来指称所有那些真正信上帝者的圆满的心灵状态的。

不可能将上帝之城的成员和人间之城的成员区分开来，因为成为哪个城的成员是不由人自己选择的。请大家回想第 2 章，在奥古斯丁看来，人类是不能够凭着自力做任何好事的。真正的信奉是一种好事，但是人类不能凭着自己变成真信徒。事实上，是上帝将真信赐予某些人；另一些人则被排除在外。心灵的平安是恩赐的象征，但并不是保证。甚至奥古斯丁本人也不能确定自己是不是被上帝选中了。人有分别，这乃是超自然的，对此我们无能为力。这一论点与奥古斯丁之后的公教思想很少共同之处，却与宗教改革后的加尔文主义一脉相承。

在《上帝之城》里，奥古斯丁强调理论的超自然的一面。不过，使奥古斯丁成为一个卓尔不群的哲学家的，乃是他拒绝采用任何缺乏心理有效性的理论。我们已经看到他在许多场合表现出来的对人类心理的兴趣。所以，我们应该提问，奥古斯丁是根据什么来断言存在着这两类人呢？

爱 与 贪

奥古斯丁在其哲学生涯早期发展出了作为其政治思想之背景的主要观念。它着重依赖于新柏拉图主义的存在大链条观念。

作为人，我们发现自己处在一个宇宙之中，在这里有些事物是比我们好的，有些事物是与我们同等的，有些事物是比我们低劣的。如果我们将注意力集中在好过我们的事物上，我们就变得更好，就提高了自己的存在；如果我们注意的是同等的或低劣的事物，我们就停滞或堕落到一个较低级的存在上了。

根据奥古斯丁，这两种注意力是两种不同的爱。提升性的爱，他称为“caritas”，英语中的“爱”（charity）就出自于此；腐化性的爱，他称为“cupiditas”，英语中的“贪”（cupidity）就来源于此，指情欲或贪婪。人类好的生活就是恰如其分地避免贪婪，培养仁爱。

在奥古斯丁看来，爱上存在大链条上的同等于或低劣于你的事物，其问题就在于它们是脆弱的。就是说，你必定会在时间中失去它们，这常常是由一个超出你的控制能力的未可预料的事件引起的。为什么这是紧要的呢？因为失去你所爱的事物会引起悲伤和坏的行为。这些事物对你越是重要，你对它们倾注的心血就越多，损失也就越大。

奥古斯丁看到了丘比特之箭有害的一面，这无疑是正确的。想想一个男人失去了妻子和孩子，他变得情绪低落，忽视了别的义务和休息。这又导致他脾气暴躁，老想着因为自己的不幸而责备别人。严重一点的还会伤害自己或别人。

不过，引起问题的却不是实际的损失。害怕失去所爱的某物甚至更要糟糕。想想有这么一个人，每次出门前，他总是要反复地检查炉灶、窗户和门。这种迷恋是由于害怕失去使他引以为傲的财产。父母过度地保护他们的孩子，也是一个常见的例子。

奥古斯丁认为，脆弱性解释了人类关系中显而易见的失序。他本人一而再再而三地经验过这个问题。毕竟，他失去了他的爱人，体验过他挚爱的母亲、老友和儿子的死。他写道：

> 我们不仅由于他们可能受到饥荒、战争、疾病、监禁的打击而困扰和忧心忡忡，而且害怕他们在奴役中遭受到超出我们想象力的邪恶，更带些苦涩地害怕他们的友谊变成了欺骗、恶意和卑鄙。当这样的事发生（我们的朋友越多，这样的事就发生的越多），消息传到我们耳朵里时，除了经历过这样的事的人外，谁能体会到撕心裂肺的悲伤呢？（C862）

那隐藏在每一种关系后面的悲恸和背叛，损害着人所需要的满足感的安全的含义。

假如是这样，人在此世还怎么能希望幸福呢？唯有一条出路：忘掉尘世的脆弱的善，转而注意天上那唯一的永恒之善。让今世生命存活下来的唯一道路是期盼来生。有趣的是，奥古斯丁所寻求的满足感看起来很像皮罗怀疑派所欲达到的平静（ataraxia）状态。幸福理论，即人所共知的幸福论（eudaimonism），源自希腊词“幸福”，在古代思想中非常常见。

奥古斯丁对这种观点的论证，在其早期著作《公教和摩尼教的生活之道》里有着清楚的表述。他写道：

> 假如幸福是拥有一种没有比之更大的善，也即我们所谓的至善，那么还没有获得至善的人，怎能说是幸福的呢？假如他们还能获得更好的东西，那么这个东西又怎能被称作至善呢？既然如此，他们就不会违反自己的意志而失去它，因为没有人能够满足于这样的一个善，他们知道它是能够被剥夺的，哪怕他们想保留，并以之为乐。假如他们缺乏对他们所享之善的自信，他们既是如此地害怕失去，又怎么会是幸福的呢？（B6-7）

隐藏在所有这些修辞性的问题背后的推理线索是很简单

的。幸福要求有最好的东西，最好的东西包括自信，而脆弱性削弱自信，所以幸福不能从脆弱之物中寻得。

奥古斯丁论证的中心是心理学上的自信或可靠性的重要性。假如有两个同等的善，一个是脆弱的；另一个是可靠的，选择脆弱的那个就是不理性的。此外，即便脆弱的善好过可靠之善，选择脆弱的善也仍然是不理性的。在奥古斯丁看来，脆弱性毁坏了心灵的平安，从而完全破坏了一个善的事物。

奥古斯丁的看法并不是可笑的。想象你正在买股票。你觉得 A 股肯定会赢，B 股肯定会输。你可能出于某种理由而偏爱 B 股，但若不选 A 股，你就是不理性的了。毕竟 A 股如同抓在手中的鸟，而选择 B 股最终只有痛苦和后悔。

帕斯卡尔（Blaise Pascal，1623—1662）是奥古斯丁的一位热心读者，他将奥古斯丁的这一想法变成了有名的“打赌说”。每一个人都面临着这么一个选择，要么赌选上帝，要么赌不选上帝。假如上帝存在，假如你选了上帝，那么你所得到的永恒奖赏的好处，就会远远多过你若不选上帝便会获得的尘世的奖赏。押注不正确的人，等着他们的只是永远的惩罚。即使上帝不存在，通过赌上帝存在，一个人也能在此世获得一种平安，而赌错了的人得到的只是一个脆弱之物的世界。所以，把宝押在上帝一边更有道理。

这个观点是有力的，虽然不是没有存在困难。有些批判者指出，它要求有一种极端反冒险的合理性概念。再来想想炒股的例子。为什么将B股说成是肯定要输，而不是一种高风险呢？选一种有高回报潜力的高风险股，而不选一种平庸的、安全的股，似乎并没有什么明显的不理性。奥古斯丁还得向读者解释，为什么他假设上帝不能被从你那里违反你意志地剥夺走。上帝可能决定弃绝你，就像他弃绝以扫那样。作为一个最为自由的存在，他可能在任何时候对我们任何人都这么做。

避免这个困难的方式之一，就是认为人类幸福的目标并不就是上帝，而只是对上帝的爱。奥古斯丁在好几个地方用了这个妙方。对上帝的爱当然是不能从你那里违反你意志地夺走的。倘若如此，就等于说，你的意志可以反对它自己了，这似乎是自相矛盾的。

因此，这一答案却问题重重。首先，似乎某种脑损伤可以违反你意志地改变你的爱。设想你昏迷了，什么也不能爱，更谈不上爱上帝了。不过，我们可以不谈这样极端的例子。设想你的潜意识能够控制你的有意识的信念和欲望，就像奥古斯丁本人暗示的那样；其次，假如我们用对某个对象的爱的拥有，而非对某个对象本身的拥有来解释人的幸福，那么问题就来了：为什么那个对象就一定得是上帝呢？没人能够剥夺你对你的妻子和孩子的爱。即便他们被杀害了，你也仍然能全心全意地爱他们。

也许奥古斯丁对这些疑虑的回答是为了指出，尽管对上帝的爱并不一定是可靠的，但它却是唯一的算不上脆弱的东西。

唯有上帝可使你永远持续存在,所以唯有上帝能使你真正幸福。他可能不是如此，但这是你唯一的机会。

奥古斯丁是在寻找一种幸福理论。他看出了那些爱脆弱之物者和那些不爱脆弱之物者之间巨大的不同。这乃是满足和不满足状态之间的不同。心灵的这两种状态是如此不同,照他看,它们将人类分成了两个彼此分离的社会。

这种心理学为奥古斯丁的政治理论提供了某种基础，但也引出了伦理学的问题。既然人类被迫在尘世生存，就得与脆弱之物打交道，那些自视属于上帝之城的人应该如何对待这些事物呢?这个问题使奥古斯丁在使用和享受之间作出了区分，但这种区分引起了极大的争议。

使用和享受

我们已经看到奥古斯丁在两种爱之间所作的最基本的心理学区分：贪和爱。贪是坏的、失序的爱，即总是错误的爱。爱则是好的、井然有序的爱，即总是正确的爱。不过，还得在两种爱之间作出明确的区分。

首先，有被称作“享受”的爱。这是好的、井然有序的爱，是给予那些本身即有价值、值得成为目的的事物的。奥古斯丁喜欢用“家”来比喻享受的感觉。家是这么一个地方，你为了它本身的缘故而到那里。你去银行或市场是为了得到某些东西，而你去家里却只是为了活着。你可以在那里休息，你体会到一种舒适和平安，你对你的家的爱乃是享受之爱。

其次，有被称作“使用”的爱。使用是一种好的、井然有序的爱，是给予那些本身并无价值、不值得当作目的的事物的。比如，为了使你的家可以住人，你需要从银行和市场取来的某些东西。假如你的家本身是好的，而它依赖于这些别的事物，那么它们也就必定是好的东西了。不过，它们却不是值得享受的东西。设想某人在回家的漫长路上跑进各种各样的银行和市场，并且被它们吸引住了，最后甚至都没有时间享受自己的家了。这当然是对先后顺序的一个可怕的颠倒。这个人将本该使用的东西当作享受的东西了。你对为爱你的家才需要的东西的爱，只应该是使用之爱。

使用和享受的误置就导致了贪。根据奥古斯丁，有四种可能的心理状态：

1. 将某物当作本身有价值的来爱（享受）。

2. 爱某物，但不将它本身当作有价值的（使用）。

3. 享受本身并无价值的某物（贪）。

4. 使用本身有价值的某物（贪）。

头两种状态是正确的、好的；后两种是错误的——人类从来没有在这错误的爱里获得过成功。

生活中的诡计总是使你确信你的爱的本性匹配于你的爱的

对象的本性。这就是人类搞糟了的地方——为何我们找到的总只是痛苦。尽管恰当的爱对人类来说是不可能投入实践的，但它并不难以理解。奥古斯丁以令人惊讶的简明性推出了他的理论：

落入第 1 种心理状态的唯一的东西只能是上帝。这是因为上帝是唯一的永恒的善。根据奥古斯丁，尽管我们要使用市场、银行和屋子，上帝却是我们唯一的真正的家。

剩下的整个宇宙都落入第 2 种心理状态。一切的受造物，包括家庭、朋友，甚至你自己的心和身，都只是由于他们导向上帝，才有价值的。

当人类将不是上帝的东西当作自身有价值的，就是在犯贪之罪。假如我们将上帝当作获得别物的手段，也是在犯贪之罪。贪的这两面性常常混在一起。当一个人祈求中大奖或找到男朋友时，她就表明了（a）将无价值的东西当作有价值的东西，以及（b）她愿意使用上帝以得到它们。

在题为《基督教教义》的一本晚期著作里，奥古斯丁坚持，尊重使用和享受之间的区分，对于我们的幸福是很关键的。他写道：

> 所以在这有死的生命里，我们像离开了我们主的旅人：如果我们希望回到有幸福可言的故土，我们就得使用这个世界，而不是享受它，这样才

> 好鉴别“上帝不可见的属性，这些属性是通过已造成的东西而得到理解的”，或者用别的话说，将永恒的、属灵的东西与有形的、暂时的东西区分开来。（E17）

奥古斯丁将这一论点当作基督教原理的直接运用。

奥古斯丁的读者为他的论点感到震惊之处，是他宣称人本身并无价值，他们只应该被用作某种工具，好达到某个别的目的。奥古斯丁真的这么说过吗？是的。他说：

> 所有这些事物之中，唯有我所说的永远不变的事物才是应该享受的。别的事物只能被使用，好让我们可以充分地享受（前面所说的）那些事物。享受并使用别的事物的我们自己也是事物……所以，如果你应该爱你自己，不是由于你自己的缘故，而是由于最配做你的爱的对象者的缘故。如果你是出于爱上帝才爱另一个人，这个人也不应该感到愤怒。因为上帝所树立的爱的规则是“爱人如己”。但爱上帝却是“尽心、尽意、尽力”，这样你才能将你所有的思想、生命、理解力投入到你由之得到了一切的他（上帝）之上。（E31）

奥古斯丁深思熟虑的观点是，当人们彼此正确地相爱时，他们是在彼此使用，以达到上帝那里。

有些奥古斯丁的读者对这个观点感到疑惑。他们想将《基督教教义》视为反常或夸张的例子。他们引用他别的著作是想表明，奥古斯丁是在说我们应该彼此享受。不过，我们要记住两件事。

首先，《基督教教义》不是一部次要的著作，它广为流传，在中世纪有着深远的影响。它本来就是作为且被用作培训修士的手册的。所以，即便现代人想要不理它，但它的历史重要性也不能被忽视。

其次，奥古斯丁认识到，并且重视逻辑的一致性。他不能逻辑一致地将享受扩及到人身上。假如人是脆弱的，假如享受脆弱的事物是错误的，那么享受人就是错误的。奥古斯丁若要否认享受人是错误的，唯一的方式就是要么否认人是脆弱的，要么否认享受脆弱之物是错误的。

他不能否定第一条，而不否定基督教本身。人类需要一个救世主，整个原因就是因为他们是脆弱的。

他不能否定第二条，而不否定自己的神正论。根据奥古斯丁的神正论，导致苦难的都是邪恶的。享受脆弱之物必然导致苦难，所以它必定是邪恶的。该逻辑乃是奥古斯丁一生著述的核心，他注定了不能放弃。

唯意志论

奥古斯丁的爱的观点尽管看起来僵硬，却导致发展出一个重要的传统，在伦理学中称作唯意志论。“唯意志论”一词来源于“voluntas”，即拉丁语的“意志”。伦理学上的唯意志论最好对照着伦理学上的唯理论来理解。

伦理学唯理论主张，理性是道德行为的恰当的源泉和向导。伦理学唯理论的经典例子是苏格拉底和阿奎那，两人都坚持认为，当人真正地理解了自己在做什么时，就再不会作恶了。

与此相反，伦理学唯意志论主张，意志是道德行为的恰当的源泉和向导。奥古斯丁坚持认为，人甚至在确切地理解自己在做什么时，也仍会作恶。他用自己的经验作为例子：请大家回忆一下本书开篇讲过的他小时候偷梨的故事。奥古斯丁知道偷梨是错的，不会吃的，但那正是他偷梨的原因。这件事证明了伦理是属于心的，而不是属于脑的。

奥古斯丁不是用合理性，而是用“秩序正当的爱”来定义美德（《上帝之城》，XV，22）。在他看来，只要你爱得正当，你就没有做错。他布道时的一句话可谓简明扼要地点出了这个意思：“爱，并做你所意愿的。”

奥古斯丁为后来的唯意志论者开辟了道路，将意志设定为人间事务的决定性因素。他说：

物体由于重量而趋向于适于它的地方——重量并不必然趋向最低的地方，而是趋向适当的地方。火是向上的，石头是向下的。它们因为其重量而被移动，寻找适当的地方……我的爱是我的重量：无论我走到哪里，都是我的爱将我带到那里。（D265-266）

这个观点后来被英国哲学家休谟（David Hume，1711—1776年）发扬光大，他的整个伦理学理论就是建立在“理性是情感的奴隶”这个论点上的。

奥古斯丁的意志概念也不只是在后来的唯意志论者那里引起了反响。康德是伦理学唯理论者，其伦理学理论至今仍是很重要和非常流行的。尽管康德坚持理性是道德行为的恰当来源和向导，却在其理论中为意志保留了一个特殊的位置。他的名言，“除了善（良）意（志），我们不能设想在世界之中或甚至世界之外，还有能够被称为善而无须限定的东西”（O11）。尽管康德常被认为是引入“善意”的第一人，但他很可能是从唯意志论之父的著作那里得到灵感的。奥古斯丁写道：

拥有一个善意，就是拥有比地上一切王国和快乐都有价值的东西。缺少了它，就是缺少了唯有意志自身才能给予的某种东西，就是缺少了远胜过一切不在我们力量之内的善的某种东西。（H19-20）

“对人的善意”这一观念成为西方社会结构的一部分。

奥古斯丁对爱、贪、使用、享受的分析，使我们清楚地看到他的唯意志论总是会在一个神学框架里得以表达的。在奥古斯丁那里，善意最终不是别的，而只是上帝的爱。这就是奥古斯丁乃是神律理论家的原因所在。他认为，当且仅当一个行为是出于侍奉和服从永恒上帝的目的时，该行为才是正当的。

反对文化和教育

奥古斯丁的伦理学有着直接的政治含义。绝大多数的政治事业都多多少少是用来荣耀和享有这个脆弱而短暂的世界的。所以，在奥古斯丁眼里，绝大多数的政治事业是错误的，是注定要失败的。不管是基督徒还是异教徒经营着罗马，都毫无差别。谁在罗马投资经营，谁就是在人间之城投资经营。

罗马帝国所谓的“伟大”在于其文化的繁荣。戏剧、建筑、雕塑、文学、数学、新技术等等，所有这些成就大都是由古典教育浇灌出来的。古典教育在数百年间广为普及，得到了广泛鼓励。

在苏格拉底和塞内加（Seneca，公元前 4—公元 65）之间的年代里，人们发明了自由艺术教育的概念。传统上，受自由艺术教育的人要学习语法、修辞、逻辑三艺，以及算术、几何、音乐和天文学四艺。学习这些艺术会使你成为一个自由的人。这一时期的哲学家都赞扬受过教育之人的美德，赞美艺术和科学所取得的成就，而正是教育使这些成就成为可能。

不过，奥古斯丁对人间之城的非难，也隐含着对使得人间之城成为可能的文化和教育的非难。《上帝之城》的一个重要的部分显然就是为此而写的。奥古斯丁论证，文化和教育并非像看上去的那样伟大和高贵。

奥古斯丁生活在古典教养黄金时代的最终解体期。他站在西方历史时期的分水岭上，后来的一个很长时期由于其反智主义而被称为“黑暗时代”。事实上,奥古斯丁鼓励了这一思潮(译注：指反智主义）的形成。

一个自身就接受了古典教育，并因之而获得了做主教的力量的人，却反过头来反对它，这多少有些奇怪。这就像一个爬过梯子登上屋顶的人站在屋顶上将梯子摔碎，然后说梯子是邪恶的。

不过，若是近观奥古斯丁的受教育经验，他的观点就不会显得这么奇怪了。在《忏悔录》里，他告诉我们，他觉得学习是乏味的。唯一使得他继续学习的是这么一种信念，就是它多少会让他能够超越这个世界的不幸。

起先，他在纯粹物质的层面上理解这种超越：教育可以让他有一份好的工作，得到足够的收入来消除不幸。但最终他感到非常失望。

然后，在他迷恋新柏拉图主义的那段日子里，他开始用较神秘的理论来理解被许诺的超越。新柏拉图主义者相信，凝思真理可以让人魂游象外，消除不幸。但在这方面，他最终也痛苦地失望了。

他想好了，可以消除不幸的唯一的东西就是信奉上帝。他还认为，要达到这一点，人无须任何文化教养。所以，看到奥古斯丁在促进庸俗主义，我们也就无须吃惊了。

在《基督教教义》里，奥古斯丁着力反对自由艺术教育的几大支柱。在论到科学时，他写道：

> 这种知识本身，尽管算不上迷信，却对解释圣经没有多大帮助——事实上，几乎毫无帮助——可能还是一种妨碍，因为它要求人花费诸多努力而徒劳无功。由于它接近于那些预言命运的命理学家的致命错误，我们还不如习以为常地、自豪地轻视它。（E111）

类似这样的观点在古代并非罕见，我们也可以在像托勒密（Claudius Ptolemy，100—178）这样的新柏拉图主义者那里见到。在其《天文学大成》一书里，托勒密构设了地心说，该地心宇宙体系直到 17 世纪都在西方天文学里占着主流地位。在其导言里，托勒密论证尘世之物的科学只不过是浪费时间，因为它们总是处于一种流动和腐败状态之中。对此，奥古斯丁会深有同感。他不能同意的只是托勒密的这么一种说法：研究天体的运动，是在研究更为永恒和完善的对象，从而可以洞见到神圣事物的本质。

论到诸艺，奥古斯丁说：

> 在人的生活当中，关于这些事物的知识是很少被用到的，我们用它们不是为了造出东西来——除非有特别的任务，但这不是我现在要考虑的——而是为了有助于我们的判断，从而使我们不至于在圣经利用这些艺术形象地表达某个意思时一无所知。（E111）

他总结自己的发现：

> 所以，在我看来，对那些敏锐而聪慧、敬神而寻求真正幸福人生的年轻人，如下的劝告是有益的：不要一头扎进可在基督教会之外追求的学科里，好像它们是获得幸福生活的手段似的，而是要小心翼翼地区分鉴别它们。（E122 - 123）

奥古斯丁并不否认，古典教育里可能有一些有用的东西。

但他警告，任何这样的东西“都必须由基督徒加以改造，发挥它们真正的作用，就是传播福音”（E125）。

可能有人会据此怀疑，奥古斯丁想用基督教文化来取代人间之城的世俗文化。为什么不建立基督教学校用基督教学说来教育人们，推广可让大众享受的基督教活动呢？

出于两个理由，奥古斯丁并不作如是想。首先，在他看来，假皈依的盛行只会使任何文化指令变得危险；其次，据他分析，将文化和宗教混在一起正是罗马所犯的错误。奥古斯丁景仰帝国早期的宗教敬虔。不过，人们的宗教一旦变成了公共事务，就堕落到渎神的地步了。艳情剧就是一例。奥古斯丁说：

> 我年轻时，常常去看渎神的剧目和娱乐活动。我观赏疯人的丑剧；我听卖唱男孩唱歌；我完全迷醉于为荣耀诸神而上演的最堕落的演出，比如为庆祝圣母和万物之母别列辛西娅（Berecynthia）升天的表演。在一年一度的别列辛西娅净身节上，最低俗的演员在她的垃圾前唱着连那些江湖郎中的母亲都不堪入耳的歌曲，更别提体面市民的母亲了。（C51）

奥古斯丁确信，基督教文化的一些尝试，如殉道者节，也与此大同小异。假如戏剧成了卖淫的借口，公共庆典成了一种偶像崇拜，那么我们就不该鼓励它们了。

奥古斯丁向往一种只是由教会和家庭组成的简单社会。它不仅没有教育、艺术、科学，而且没有政府。政府的功能是规整文化。没有了文化，当然也就无需政府了。不过，既然文化在凡有人群之处都像蘑菇一般生发出来，政府也就不能避免。奥古斯丁对这桩事情的最终看法是，政治是一种必要的恶。

奥古斯丁的政治悲观主义

哲学家们一般认为，政治是一种必要的恶。不过，对他们中的大多数人来说，这却有点言过其词。大多数人，比如柏拉图和亚里士多德，相信政府在人类生活中扮演着某种积极的作用。作为政治乐观主义者，他们认为国家是有合法性或正当权威性的东西。他们的理论是由这样的问题引起的：正义的政治权威，其起源和范围是什么？这个问题设定了国家是有其正当性的。

奥古斯丁却不作如是想。驱动他的政治哲学的核心问题更为根本。奥古斯丁问，真的有所谓正义的政治权威吗？他的回答是一声响亮的“不”。所以，在他那里，别的问题，困扰着许多前人和后继者的问题，都是无稽之谈。正是这确立了奥古斯丁在政治思想史上作为一个最根本的政治悲观主义的地位。

当然了，政治思想史上也有其他的政治悲观主义者。不过，他们中的许多人以谴责国家来追求自由理想或达到无政府状态。假如国家的权威是不正义的，那么就必须推翻它。人们应该努力用没有政治的乌托邦来取而代之。

在这里，奥古斯丁又一次与他们分道扬镳了。在《上帝之城》第XIX卷，奥古斯丁追问政治权威的正义问题。他为这么一种悖谬的观点辩护：一切的政治权威都是不义的，但我们仍然必须服从它。

尽管这种观点是悖谬性的，在哲学家中间不常见，奥古斯丁可能是其创始人，但它在基督教思想中却并非罕见。事实上，它成了像阿奎那和洛克（John Locke，1632—1704）这样的后世基督教哲学家们的一个核心主题，他们要不断地回溯历史，以发明既是基督教的，又是乐观主义的政治理论。卢梭（Jean-Jacques Rousseau，1712—1778）对这种可能性不抱希望。他的结论是，基督徒将由于对此世关注不够而永远是奴隶。

奥古斯丁会毫不犹豫地接受这一指责。但是为什么？为什么他认为我们必须服从不正义的政治权威？为了回答这个问题，我们先得弄清楚为什么奥古斯丁认为一切的政治权威都是不正义的。

正　义

奥古斯丁将“正义”定义为“给每人其所应得的”这么一

种“美德”（C882）。在他眼里，说政治权威是不正义的，等于说它不给予每个人应得到的。政治权威必然以一种不适当的方式规整人类。恰如奥古斯丁常说的，它是悖逆的。

要理解奥古斯丁之区分正义的和不正义的秩序，就得先知道“存在大链条”。上帝创造了宇宙万有，各有其存在层次。既然存在等于善性，那么这些事物就可排出个高低等级来。天使优于人，人优于马。原因就在于每一类受造物都是出自一部分善的形式，而每一部分善的形式都包含了不同分量的善性。天使都享有天使的形式，该形式包含了很多的善性；人类都享有人的形式，该形式包含的善性少一些；马都享有马的形式，该形式包含的善性又要少一些。这乃是事物的自然秩序。

正义来自于按照每一事物在自然秩序中位置的正确对待。奥古斯丁假设了一种恰当的对待方式，我们可称之为“权威原理”：

权威原理：当且仅当X优于Y时，X有权命令Y。

人优于马，所以我们有权命令它们；天使优于人，所以他们有权命令我们。最后，既然上帝优于万有，他有权命令我们所有。

政治权威是悖逆的，这是因为它违背了权威原理。在存在大链条上，人人都是平等的，所以没有人有权力命令别人。国家却让某些人命令另一些人。国家并没有给予每一个人他该得的。奥古斯丁写道："撇掉了正义，国家还是什么呢，不过是规模大一些的犯罪团伙罢了。(C139)"

有人可能会以为，很容易运用存在大链条来为人世间的等级秩序作辩护。你只要宣称一些人比另一些人拥有更多的形式就行了。无疑，历代以来总是有许多统治者相信，他们和他们一类的人天生就高人一等。

不过，这种观点却存在一个深层次的哲学困难。由于我们是从同一部分善的形式造出来的，我们就都是同一个种类的成员。同一部分善的形式里面必定有同等分量的善性。所以，一个人怎么能比别人高一等呢？那些有政治权力的人要么是按照人的形式造出来的，因此与别人天生平等，要么是按照与别人不一样的形式造出来的，因此就不属于人类。可能有人想打圆场，但哪有哲学家会真的说那些有政治权力的人是超人呢？

当然，有许多别的方式可用来论证政治权威是正义的。你甚至可以根据类似美德或天命这样的获得性特征来证明等级制是合理的。问题在于，奥古斯丁既然有自己的信条，这些可能性就根本不在他的考虑之中。对此，我们不必感到奇怪。奥古斯丁的论证可以总结如下：

1. 正义要求给每个人其所应得的。

2. 给每个人其所应得的，就是按照其在自然秩序中的位置对待之。

3. 人在自然秩序上都是平等的。

4. 所以，正义要求将所有人当作平等的来对待。

5. 国家不将所有人当作平等的来对待。

6. 所以，国家是不正义的。

尽管该论证每一步都是可争议的，但其逻辑形式却是难以指责的。

奥古斯丁一如既往地在圣经中找到证据来支持自己的新柏拉图主义进路。他写道：

> 关系是由自然的秩序规定的，上帝就是在这一情境中造人的。因为他说"让他管理水中的鱼，空中的飞鸟……以及地上一切的爬虫"。他并不希望照着他的形象造出理性的存在者管理一切，而只是管理非理性的受造物，不是人凌驾于人之上，而是人凌驾于禽兽之上。（C 874）

凌驾于某物之上，就是正当地命令它。

奥古斯丁的权威原理，也许是其论证中最薄弱的一环。它与新柏拉图主义的因果原理有些相似，这一因果原理我们已在奥古斯丁这里看到过不少例子。因果原理是说，假如 X 优于 Y，则 X 对 Y 有因果作用。其前提是高一等的存在者比次一等的拥有更多的存在。不过，即使我们假设已经证明 X 对 Y 有因果作用，也远不能证明 X 命令 Y 就是正当的。奥古斯丁从因果作用的概念跳到了正当命令的概念，却未作任何解释。也许唯一的解释就是，上帝令它如此。

使奥古斯丁的理论变得非常复杂的是这么一个事实：在某些地方，他似乎认为妇女天生劣于男人。偶尔，他还会贬低妇女。例如，在《创世记字解》里，他写道：

> 妇女因性别的不同而有其自身的面貌和身体特征，她们是从男人那里，并为了男人而受造的……因此，若有人问，妇女被造来是为了给男人什么帮助，就我力所能及所能想到的教训来说，唯一的目的不是别的，而只是为了生孩子，好让地上遍布人类。（I，II，82）

显然，奥古斯丁是一个性别主义者，和四世纪其他的罗马公民没有多大差别。

不过，奥古斯丁的性别主义并不意味着他认为在存在大链条上男高于女。在上面引文的同一页，奥古斯丁说，丈夫命令妻子、父母命令孩子是正当的。不过，他补充说，在一个好的家庭里，丈夫的命令不如说是关心的命令，而不是操纵的命令。奥古斯丁让男人执行关心的命令，不是因为他认为男人天生优秀，而是因为他认为他们更适于这么做。他视妇女儿童就如同视残疾的男人。这样的存在者并无本质的不同，因此并不低男人一等。她们只是在属性上不同，所以更适于扮演不同于肢体健全的男人的角色。这一有差等的对待方式仍是可以反驳的，但却不足以动摇其理论的自洽性。

解决了这些困难，我们就可以看出为何所有的政治权威都是不正义的了。政治权威是操纵的命令，而操纵平等的同类乃是不正义的。但是，如果这样，为什么还要服从政治权威呢？为什么不反抗和消灭政治呢？

作为惩罚秩序的国家

奥古斯丁热心地断言，在天堂里，一切政治都会被取消，尘世的人们应该努力将这天上之城当作榜样。不过，他同时又坚持，我们没有权力违抗所遇到的政治权威。原因在于，政治权威构成了苦难，而苦难构成了对我们原罪的惩罚。上帝若是没有理由，那么是不会让人吃苦头的。所以，他主张让政治权威存在，也并不是没有原因的。冒犯政治权威就是冒犯上帝。

政治权威对那些操纵者和被操纵者都构成了苦难。原因是二者都被奴役了。被操纵者为其操纵者所奴役，而其操纵者为罪所奴役。奥古斯丁写道：

如我们的主所说，“凡犯罪的，都是罪的奴仆”，这就是为何尽管许多敬虔的人是不义主人家的奴仆，其所服侍的主人却并不是自由人，“因为当一个人被另一个人征服时，他也被他的征服者捆绑为奴了”。显然，成为人的奴隶总比成为欲望的奴隶要开心。实际上，毁坏人心的最残暴的操纵是操纵的欲望本身作出的，别的就不用说了。（C785）

根据奥古斯丁，人们总是忍不住要彼此操纵。政治权威产生于操纵他人的欲望，而这种欲望是贪欲的集中体现。

尽管政治权威是非法的，我们却必须服从它，因为它是上帝用来惩罚我们的方式。政治权威在政治层面上作为政治权威永远是不义的，但在宇宙层面上作为一种惩罚的适当形式却是正义的。奥古斯丁问：“倘若上帝的道理不可测度，是否就意味着它们是不义的呢？”（C216）我们悖逆的意志正该得到悖逆的处理。这就是说，国家构成了一个惩罚的秩序。奥古斯丁用了一个古怪有趣的类比来描述这种情境。（C869f）

假设你被倒挂了起来，你的两条腿被用一根绳子捆着，绳子绑在一个树枝上。这个姿势是不舒服和不自然的。即使你的眼睛被蒙住了，你也能凭着腰上的感受察觉到情景有异，对于自己该怎么做才能舒服些你也有一个笼统的看法，但你做不到。你需要别人来帮你砍断绳子。

现在进一步假设，有人要你在每只手上拿着一块石头，这使得你的姿势更不舒服了，你的手臂因重量而变麻木了。如果有人跑来帮你拿着石头，那么你会对他感激不尽的，这样你才能让你的手轻松轻松。在握了很长时间的石头后能让手轻松轻松，这也算得上一个不小的安慰。你甚至会一时感到很舒服，尽管很快你就会认识到自己仍是倒挂着的。

奥古斯丁用这个类比来说明人类的情形。自从亚当夏娃犯罪之后，整个人类的意志就被颠倒了。这是一种极不舒服的姿势，唯一的疗方是上帝将我们重新扶正。他会适时地通过恩典将我们之中的一些人扶正。同时，在此世保持某种秩序，在我们乃是一个额外的负担。政治家们来了，为我们提供了这种秩序，让我们放松了一点，但这并非是一种拯救。奥古斯丁写道：

> 所以，他们之中就有了某种秩序的平静，以及由此而来的某种和平。但他们仍然是悲惨的，只是因为尽管他们享有某种程度的平静以及免于苦难，却并没有处在一种有权平静或有权免于痛苦的境地。他们若是不能平心静气地对待自然秩序支配的法律，就只会更加悲惨。（C 871）

不幸的真相似乎是，人类需要平心静气地对待他们的原罪带来的惩罚，接受政治权威所能提供的可怕安慰。

尽管深知政治的邪恶，但奥古斯丁在一生中仍怀抱着某种理想主义。他建立了被视为西方最早的一家宗教修道会。在成为主教之前，他和一群同性朋友建起一座住宅，专心致志地学习和崇拜上帝。成为主教之后，他建立了后来被称为“奥斯定会”（the Augustinian Order）的修会。根据该会的规章，成员须放弃一切财产权，甚至不能拥有自己的衣服。奥古斯丁希望通过取消所有权来取消人对人的操纵，他的目标是建立一个尽可能远离政治的小社会。

奥古斯丁本来根本不理会政治的。尽管如此，他还是接受了一份重担。他试图过他所谓的“混合的生活”：充分地介入，以记住人性的困局；充分地休闲，以记住上帝的应许。

6

On Augustine —— 奥古斯丁的遗产

奥古斯丁对于西方思想史异乎寻常的影响，常被说成是因为他在中世纪占据着主导地位。当然，在奥古斯丁死后的几个世纪里，欧洲可谓斯文扫地。由于书写材料的缺乏和能够阅读的读者的稀少，刊行的图书寥寥无几。尽管如此，据估计，在将近1000年的时间里，奥古斯丁的著作被刊行之多，仍然远远胜过其他人的著作，而仅次于圣经。直到12世纪，适于那些既有能力又有闲暇的不多的读者阅读的哲学著作仍然很少。即使这样，我们也仍然可以问，为什么奥古斯丁在中世纪占据着主导地位。

一些人会说，因为他很幸运：他的著作碰巧在一个十分荒芜的时期存留了下来，还因为人们没有别的什么选择,这样他的著作就成了唯一之选。而另一些人会说，奥古斯丁的著作能存留下来并占主导地位，就是因为它是如此丰富多彩。也许真相在于这两种情况之间。

自然，在有幸站在奥古斯丁肩上的人看来，奥古斯丁的主导地位并不只是一个奥秘。不过，却至少有两个因素使得奥古斯丁的思想难以在当代读者中找到知音。首先，奥古斯丁认为寻求比发现更为重要。这使得他的作品看上去是随意离题、没有结论的；其次，奥古斯丁认为哲学是宗教信念的婢女，而非科学的女王。这使得他的作品看上去缺乏严格性，修辞过分。由于这两个因素，奥古斯丁的成就更能够为前现代的心灵所欣赏。

奥古斯丁在中世纪占据了一个如此重要的地位，中世纪本身又占据了西方思想史的一大部分。直到17世纪，中世纪哲学才演变为现代哲学，甚至即使到了那时，许多哲学家和其他知识分子也仍在使用中世纪的资源。所以，正是由于奥古斯丁的主导地位以及中世纪本身的重要地位，奥古斯丁才对西方思想史有着如此异乎寻常的影响。

在本书中，我们已浏览了奥古斯丁的突出贡献。我们碰到了安瑟伦本体论证明的原型、笛卡尔“我思”的原型，还可以从培根爵士或波普尔爵士那里发现关键的试验观念的原型，以及一种类似于胡塞尔思想的时间理论。我们看到了一种复杂的关于语言和知识的固有观念说，以及对于一种潜意识的暗示，其中潜意识将在西方思想中沉睡 15 个世纪再醒来。在奥古斯丁的神正论里，我们见到了一种类似于加尔文主义的藉恩典而得救的观念，对恶的问题的两种古典的解决方案，至为重要的是对意志观念的第一次强有力的哲学解释。在《上帝之城》里，我们发现了唯意志主义的根源以及修道院制的根基。最后，在《忏悔录》里，我们发现第一次有人用自传来鼓舞那些寻求关于自己和世界的真理的人。总而言之，很难不对其贡献的全面性产生深刻的印象。

奥古斯丁的著作对后人有着如此深远的影响，这无论对他，还是对我们，都是一件幸运的事情。

参考书目

奥古斯丁所有的著作都是用拉丁文写成的。它们几乎都被编纂、翻译过，而且是好几次。本书引用了今存最好的译本。书中引文编号出自下面的书单。字母后面的罗马数字符号是指卷数。阿拉伯数字是指页数。

引用著作：

〔A〕奥古斯丁:《驳学园派及论教师》(Augustine, *Against the Academics and The Teacher*, Peter King, trs., Indianapolis: Hackett, 1995.)

〔B〕——,《公教和摩尼教的生活方式》(*The Catholic and Manichaean Ways of Life*, Donald A. Gallagher and Idella J. Gallagher, trs., Washington: The Catholic University Press, 1966.)

〔C〕——,《上帝之城》(*City of God*, Henry Bettenson, tr.，Middlesex: Penguin, 1984.)

〔D〕——,《忏悔录》(*Confessions*, F.J.Sheed,tr., Indianapolis: Hackett, 1993.)

〔E〕——,《基督教教义》(*De Doctrina Christiana*, R.P.H. Green, tr., Oxford: Clarendon, 1995.)

〔F〕——,《早期著作》(*Earlier Writings*, John H.S.Burleigh, tr., Philadelphia: Westminister Press, 1953.)

〔G〕——,《八十三个不同的问题》(*Eighty-three Different Questions*, David L.Mosher, tr., Washington: Catholic University Press, 1982.)

〔H〕——,《论意志的自由选择》(*On Free Choice of the Will*, Thomas Williams, tr., Indianapolis: Hackett, 1993.)

〔I〕——,《创世记字解》(*The Literal Meaning of Genesis*, vols.I-II, John Hammond Taylor, tr., New York: Newman Press, 1982.)

〔J〕——,《圣奥古斯丁〈论音乐〉概要》(*St.Augustine's De Musica:A Synopsis*, W.F.Jackson Knight, tr., London: The Orthological Institute, 1949.)

〔K〕——,《圣奥古斯丁著作集》(*The Works of Saint Augustine: A Translation for the 21st Century*, John E.Rotelle, ed., New York: New City Press, 1990.)

〔L〕——,《圣奥古斯丁著作集》(*Writings of Saint Augustine*, vols.I-LX, Ludwig Schopp, et al., ed., *Fathers of the*

Church:A New Translation, New York: Cima and Fathers of the Church, Inc., and Washington D.C.: Catholic University Press of America, 1947-1968.）

〔M〕伊娃·布兰恩:《那么，什么是时间呢？》(Brann, Eva, *What, Then, Is Time*？, Oxford: Roman and Littlefield, 1999)

〔N〕勒内·笛卡尔:《方法谈与第一哲学沉思》(Descartes, Rene, *Discourse on Method and Meditations on First Philosophy*, Donald A.Cress, tr., Indianapolis: Hackett, 1980.）

〔O〕伊曼纽尔·康德:《道德形而上学基本原理》(Kant, Immanuel, *Fundamental Principles of the Metaphysic of Morals*, Thomas K.Abbot, tr., Indianapolis: Bobbs-Merrill, 1949.）

其他参考书：

玛里琳·亚当斯、罗伯特·亚当斯:《恶之问题》(Adams, Marilyn McCord and Robert Merrihew Adams, eds., *The Problem of Evil*, Oxford: Oxford University Press, 1990.）

奥古斯丁:《奥古斯丁精粹》(Augustine, *The Essential Augustine*, Vernon J.Bourke, ed., Indianapolis: Hackett, 1974.）

彼得·布朗:《希坡的奥古斯丁》(Brown, Peter, *Augustine of Hippo, A Biography*, London: Faber and Faber, 1990.）

亨利·查德威克:《奥古斯丁》(Chadwick, Henry, *Augustine*, Oxford: Oxford University Press, 1986.）

理查德·迦:《时间哲学》(Gale, Richard(ed.) , *The Philosophy of Time*, London: MacMillan, 1968.)

克里斯托弗·柯万:《奥古斯丁》(Kirwan, Christopher, *Augustine*, New York: Routledge, 1989.)

埃蒂恩纳·吉尔森:《圣奥古斯丁的基督教哲学》(Gilson, Etienne, *The Christian Philosophy of St. Augustine*, New York: Random House, 1960.)

罗伯特·奥康奈尔:《圣奥古斯丁早期的人论: 386至391年》(O'Connell, Robert J., *St.Augustine's Early Theory of Man, A.D. 386-391*, Cambridge: Harvard University Press, 1968.)

杰勒德·奥戴利:《奥古斯丁的心灵哲学》(O'Daly, Gerard, *Augustine's Philosop hy of Mind*, Berkeley: University of California Press, 1987.)

阿尔文·普兰廷哥《本体论证明: 从圣安瑟伦到当代哲学家》(Plantinga, Alvin, *The Ontological Argument: From St.Anselm to Contemporary Philosophers*, Garden City: Anchor Books, 1965.)

路德维希·维特根斯坦:《蓝皮书与棕皮书》(Wittgenstein, Ludwig, *The Blue and Brown Books*, New York: Harper and Row, 1965.)

——,《哲学探索》(*Philosophical Investigations*, G.E.M. Anscombe, tr., New York: MacMillan, 1968.)

悦·读人生|书|系

生为人，成为人，阅读是最好的途径！

品味和感悟人生，当然需要自己行万里路，更重要的是，需要大量参阅他人的思想，由是，清华大学出版社编辑出版了这套“悦·读人生”书系。

阅读，当然应该是快乐的！在提到阅读的时候往往会说“以飨读者”，把阅读类比为与乡党饮酒，能不快哉！本套丛书定位为选取国内外知名学者的图书，范围主要是人文、哲学、艺术类。阅读此类图书的读者，大都不是为了“功利”，而是为了兴趣，希望读者在品读这套丛书的时候，不仅获取知识，还能收获愉悦！